Metodologia do ensino em ciências sociais

SÉRIE POR DENTRO DAS CIÊNCIAS SOCIAIS

Analisa Zorzi
Francisco dos Santos Kieling

Metodologia do ensino em ciências sociais

Editora intersaberes

EDITORA intersaberes

Rua Clara Vendramim, 58 . Mossunguê
CEP 81200-170 . Curitiba . PR . Brasil
Fone: (41) 2106-4170
www.intersaberes.com
editora@editoraintersaberes.com.br

Conselho editorial
Dr. Ivo José Both (presidente)
Drª Elena Godoy
Dr. Neri dos Santos
Dr. Ulf Gregor Baranow

Editora-chefe
Lindsay Azambuja

Supervisora editorial
Ariadne Nunes Wenger

Analista editorial
Ariel Martins

Projeto gráfico
Raphael Bernadelli

Capa
Adoro Design

Fotografia da capa
PantherMedia

1ª edição, 2013.

Foi feito o depósito legal.

Informamos que é de inteira responsabilidade dos autores a emissão de conceitos.

Nenhuma parte desta publicação poderá ser reproduzida por qualquer meio ou forma sem a prévia autorização da Editora InterSaberes.

A violação dos direitos autorais é crime estabelecido na Lei nº 9.610/1998 e punido pelo art. 184 do Código Penal.

Dados Internacionais de Catalogação na Publicação (CIP)
(Câmara Brasileira do Livro, SP, Brasil)

Zorzi, Analisa
   Metodologia do ensino em ciências sociais/Analisa Zorzi, Francisco dos Santos Kieling. – Curitiba: InterSaberes, 2013. – (Série Por Dentro das Ciências Sociais).

   Bibliografia.
   ISBN 978-85-8212-610-3

   1. Ciências sociais – Estudo e ensino 2. Educação – Brasil 3. Sociologia (Ensino médio) 4. Sociologia – Estudo e ensino I. Kieling, Francisco dos Santos. II. Título. III. Série.

12-09880   CDD-300.7

Índices para catálogo sistemático:
   1. Ciências sociais: Estudo e ensino 300.7

Sumário

Apresentação, IX

(1) A Sociologia no ensino médio: para quê?, 11
    1.1   O debate sobre a importância da Sociologia no ensino médio, 14
    1.2   A Sociologia como aporte científico para a compreensão da realidade social, 15
    1.3   A contribuição da Sociologia para a construção de educandos críticos, emancipados e autônomos, 17

(2) O educador no ensino médio: desafios à prática significativa, 21
    2.1   Entre palpites e novas tecnologias, 24
    2.2   Construção identitária do educador, 26

2.3 Situando os sujeitos e a escola no mundo social:
a Sociologia no ensino médio, 28

(3) O educando no ensino médio, 33

3.1 É difícil o diálogo com adolescentes?, 36

3.2 Entre dilemas e perspectivas: desnaturalizando a rebeldia, 37

3.3 Os jovens que estão no ensino médio, 40

3.4 A sociologia e os jovens, 42

(4) A investigação da realidade como base
para a construção do programa de estudos, 45

4.1 Envolvimento do educando no processo
de conhecimento de sua realidade, 48

4.2 Aproximando-se da realidade do educando, 51

(5) O sistema de ensino no Brasil analisado sob uma óptica sociológica, 55

5.1 Em busca de uma análise crítica do sistema de ensino no Brasil, 58

5.2 A não consolidação do sistema público como estratégia eficaz, 60

5.3 O vestibular e o Enem como organizadores curriculares, 61

5.4 A fuga das escolas públicas de educação básica, 63

5.5 A trincheira da escola privada e a dualidade da educação brasileira, 64

(6) A escola entre práticas e intenções: o currículo como articulador de
projetos e planejamentos, 67

6.1 Elementos teóricos para as análises curriculares, 70

6.2 Desafios do ensino médio, 71

6.3 Desafio histórico: universalizar o ensino de qualidade, 73

6.4 Repercussão do diálogo com a comunidade no planejamento escolar, 74

6.5 Passos do planejamento: emancipação se constrói sem voz?, 75

6.6 Sistematização do currículo:
carta de compromisso com a comunidade escolar, 76

(7) Construindo novos parâmetros de avaliação, 79

7.1 Entre avaliações, 82

7.2 Entre concorrência e cooperação, 84

7.3 A avaliação começa pelo diagnóstico do senso comum do educando, 85

7.4 A avaliação mediadora na sociologia, 86

7.5 Avaliação e autoavaliação, 87

(**8**) A Sociologia no ensino médio: a partir do quê?, 89

    8.1   Tempo e espaço, 92

    8.2   Espaço como produto social, 92

    8.3   Estudo do tempo e dos processos: desnaturalizando a história, 93

    8.4   A produção das ideias de tempo e espaço consolidando novas temáticas, 94

    8.5   Algumas ideias sobre diálogos e conflitos: a partir do quê? 96

(**9**) A Sociologia no ensino médio: o que ensinar?, 99

    9.1   A leitura do mundo antecede a leitura dos conceitos, 102

    9.2   O trabalho com conceitos, com temáticas e com teorias, 103

(**10**) A Sociologia no ensino médio: como ensinar?, 107

    10.1   Diferentes maneiras de ensinar, 110

Referências, 117

Apresentação

Neste livro, apresentamos uma série de reflexões realizadas ao longo de nossa trajetória como professores da área de sociologia[a]. Dois eixos perpassam e se atravessam durante os dez capítulos. O primeiro centraliza a temática da Sociologia

---

a. Neste livro, quando mencionamos *sociologia*, contemplamos as três áreas constituintes das ciências sociais, sem distinção valorativa entre elas. Reconhecemos que, para o bom entendimento das complexas tramas de relações que envolvem os sujeitos sociais, faz-se necessário superar as fronteiras disciplinares que abstratamente separam a antropologia, a ciência política e a sociologia. A definição por *sociologia* foi feita em detrimento a *ciências sociais*, em função da categorização estabelecida pelos grupos socioprofissionais que levaram adiante a longa luta política que só recentemente culminou com a inclusão obrigatória dos conhecimentos e reflexões dessa área no ensino médio brasileiro.

no ensino médio, e o segundo enfoca os aspectos constituintes da escola básica como espaço sociocultural e potencialmente produtor de relações sociais democráticas e emancipadoras.

Desse modo, discutimos no primeiro capítulo a importância de a sociologia – ciência específica que é – fazer parte do currículo da escola básica. Nos capítulos seguintes, tratamos do educador e do educando no ensino médio, com suas particularidades e com os desafios que se impõem a ambos. Refletimos, no quarto capítulo, sobre a importância da pesquisa no entorno escolar como alternativa para situar os conteúdos e os temas trabalhados em sala de aula.

Propomos uma análise do sistema de ensino no Brasil no quinto capítulo, de modo a construir, heuristicamente, um sentido orientador à sua dinâmica. No sexto capítulo, abordamos o currículo escolar como um articulador de práticas e intenções da escola. No capítulo seguinte, trazemos uma reflexão sobre os novos parâmetros para a avaliação escolar.

Nos capítulos finais, nos quais predomina o eixo "Sociologia no ensino médio", discutimos as bases cognitivas com as quais se operacionaliza a disciplina no ensino médio, as orientações curriculares que situam a sociologia na escola básica e os elementos teórico-práticos que possibilitam pensar dinâmicas em sala de aula que ultrapassem a monotonia do esquema explicação-cópia.

Com este livro, pretendemos situar o educador em relação à sua área de estudos e à escola básica. Esperamos, dessa forma, contribuir com as discussões sobre a importância da sociologia no ensino médio e sobre alguns preceitos, tratados aqui como fundamentais para o desenvolvimento de uma prática docente enraizada e comprometida com os jovens das escolas de todo o país.

Para isso, consideramos importante que as práticas dos educadores respeitem e valorizem as especificidades locais, rumo ao fortalecimento de um modelo de cidadania que ultrapasse a simples resposta a estímulos das elites ou obrigações cívicas, de modo a fomentar uma prática social transformadora das relações sociais, na direção de uma democracia consolidada e de uma sociedade justa e desenvolvida para todos, promotora de sujeitos sociais autônomos e livres.

(1)

A Sociologia no ensino médio: para quê?

Analisa Zorzi é bacharel (2005) e licenciada (2008) em Ciências Sociais e mestre em Sociologia (2008) pela Universidade Federal do Rio Grande do Sul (UFRGS). Tem experiência na área de sociologia, com ênfase em sociologia rural, atuando principalmente com o tema "Gênero, políticas públicas e empoderamento". Foi tutora do curso Planejamento e Gestão para o Desenvolvimento Rural, na modalidade a distância, da UFRGS, no período de 2008 a 2009.

Analisa Zorzi

No presente capítulo, abordamos elementos significativos que justificam a presença da Sociologia[a], como ciência específica e distinta das demais áreas das ciências humanas, no currículo do ensino médio no país.

Destacamos a importância da disciplina com base em preceitos legais e sociais, afirmando que a Sociologia está inserida num campo específico de estudos sobre a realidade social e, portanto, apta a contribuir com a formação dos estudantes de ensino médio.

---

a. Quando o termo *sociologia* se referir a um item curricular, será grafado nesta obra com a inicial maiúscula.

(1.1) O debate sobre a importância da Sociologia no ensino médio

A educação e a escola têm sido foco de preocupações e debates constantes na sociedade brasileira. Talvez o principal motivo seja, justamente, o fato de ambas configurarem uma das dimensões do campo social constituintes das bases de sociabilidade compartilhada nessa realidade social.

Teóricos como Émile Durkheim, Peter Berger e Thomas Luckmann[b], entre outros, consideram a escola o espaço onde ocorre a socialização e, mais especificamente, a socialização secundária, ou seja, nesse espaço transmitem-se regras, normas e valores sociais, permitindo a construção não só física e biológica, mas também social dos sujeitos.

Nesse sentido, há, em cada momento histórico, um acordo entre Estado e sociedade no sentido de construir os parâmetros necessários para que esses sujeitos se desenvolvam e possam, dessa forma, contribuir para o desenvolvimento social como um todo. Para tanto, há diversos processos políticos e sociais que objetivam regulamentar tanto a educação e seus conteúdos quanto as instituições encarregadas de transmiti-los aos sujeitos.

Um instrumento resultante desse acordo, no Brasil, é a Lei de Diretrizes e Bases da Educação Nacional (LDBEN/1996), Lei nº 9.394, de 20 de dezembro de 1996. Independentemente de seus preceitos jurídicos, o que é interessante destacar é que estão presentes em várias passagens dessa lei questões relacionadas ao exercício da cidadania, à formação ética e ao domínio de conhecimento de sociologia por parte do educando do ensino médio.

Sendo assim, a Sociologia aparece não só como disciplina necessária aos educandos para a construção de conhecimentos da área das humanidades, mas também como um mediador importante para cumprir as recomendações da própria LDBEN/1996 para a educação vigente no país.

A tentativa de apreender a finalidade do ensino de Sociologia no ensino médio é uma tarefa complexa, tendo em vista as diferentes perspectivas e argumentos que justificativam a sua introdução nesse nível de ensino. Porém, explicitando o "para quê" serve essa disciplina, acabamos revelando pontos importantes para a discussão sobre a definição do que é e para que serve a própria educação.

---

[b]. O leitor poderá encontrar mais sobre essa abordagem em: Durkheim (2001); Berger; Luckmann (2006).

Amaury Moraes (1999) elabora uma defesa em prol da disciplina de Sociologia para o ensino médio. O autor problematiza a legislação e argumenta que as outras disciplinas não dão conta dos conhecimentos específicos da sociologia, destacando que o desenvolvimento dessa área de estudos exige uma leitura constante e renovada do mundo.

Dentro dessa perspectiva, Moraes (1999) destaca que a sociologia é uma forma de leitura do mundo que propõe a superação de "achismos" no momento de pensar as relações sociais. A sociologia, conforme o autor, é constituída por experiências de investigação. Ela não se reduz aos conteúdos prontos mostrados pelos meios de comunicação e assume, permanentemente, uma postura crítica no debate em torno dos fenômenos sociais. Por esse motivo e pelo fato desses fenômenos serem objeto próprio dessa ciência, essa disciplina tem muito a contribuir com a formação dos educandos do ensino médio.

(1.2) A Sociologia como aporte científico para a compreensão da realidade social

Assim como ocorre nas áreas das ciências da natureza e das ciências exatas, as ciências humanas também estão constituídas como campo autônomo e dotado de objetos de investigação, conceitos e metodologia próprios. Logo, torna-se necessário pensar a Sociologia como uma disciplina científica que pode contribuir para a formação do estudante do ensino médio. Isso não significa, de modo algum, que o ensino de Sociologia para educandos de ensino médio e até de ensino fundamental será realizado da mesma forma que no ensino de graduação. Significa, antes disso, que, assim como as outras ciências são sistematizadas e abordadas com base numa discussão prévia, científica e acadêmica, a sociologia também pode ter mediados os seus conteúdos consolidados cientificamente.

Situando o debate sobre o controle epistemológico que o professor de Sociologia precisa ter em seu trabalho com educandos do ensino médio, à medida que desenvolve a disciplina com os jovens, realizamos um paralelo com as reflexões que Pierre Bourdieu (1999) faz a respeito dos pressupostos necessários à prática sociológica como ciência: a) pensar a sua ação enquanto disciplina científica e b) refletir constantemente sobre seu objeto de estudo.

Bourdieu (1999) destaca a ruptura com o senso comum, no sentido de se ultrapassar as primeiras impressões em relação ao objeto, e a construção do objeto científico como elementos básicos do fazer sociológico. No fundo, o que o autor defende é um controle sobre o fazer científico que faça com que essa disciplina, a

Sociologia, tenha legitimidade perante as outras ciências, respeitando as peculiaridades derivadas dos seus objetos.

Essa vigilância epistemológica se faz necessária para consolidar um trabalho que leve em conta a sistematização da construção do conhecimento proposto em sala de aula. Isso significa que a Sociologia como disciplina deve contribuir para que os educandos superem suas prenoções e construam um saber crítico e mais elaborado sobre os fenômenos sociais. Isso não significa menosprezar os conhecimentos prévios dos estudantes, muito pelo contrário, significa reelaborar esses conhecimentos com base nos aportes analíticos trabalhados pela sociologia, como os conceitos e as discussões teóricas.

Outra questão interessante sobre a importância da Sociologia como disciplina qualificadora do debate sobre a realidade social está relacionada com a reflexão sociológica e suas repercussões práticas. Anthony Giddens (2001) destaca que a reflexão sociológica remete a uma ação fundamental para a compreensão das forças sociais que transformam a nossa vida cotidiana. Conforme o autor, existem pelo menos dois aspectos que justificam a importância da sociologia: a) a contribuição dos estudos teóricos e empíricos para as informações da vida cotidiana e b) a formulação de questões relacionadas à política e à reflexão sobre possíveis consequências desta. Portanto, na visão do autor, os sociólogos têm muito a contribuir na interpretação do mundo e das transformações que nele ocorrem.

Para ir além da proposta de Giddens, Margaret Coulson e David Riddel (1974) destacam a importância de estudos sociológicos para a ação humana e para a resolução dos problemas sociais. Os autores argumentam que a sociologia não é um campo fechado e que, com base em suas diferentes abordagens, colabora, por meio do estudo científico, para os indivíduos buscarem o entendimento deles próprios.

A presença da Sociologia como disciplina do ensino médio também se justifica pela possibilidade de esses educandos reconstruírem um entendimento mais elaborado sobre a relação entre indivíduo e sociedade. Norbert Elias (1980) argumenta que, para compreendermos a sociologia, temos de fazer um esforço de nos afastar de nós mesmos, levando em conta que devemos nos considerar seres humanos como os outros. Para o autor, uma das tarefas fundamentais da sociologia é alargar a nossa compreensão sobre os processos humanos e sociais e construir uma base de conhecimento a respeito desses processos. Elias (1980) argumenta que as práticas humanas são orientadas por forças sociais e que a sociologia torna-se uma ferramenta de emancipação quando se propõe a construir modelos de explicações dessas forças sociais que ultrapassem o conhecimento estático estabelecido pelo pensamento mágico ou mítico e pelas ciências naturais.

Nas palavras do autor, "Daqui decorre ser fundamental para o ensino da sociologia e para a sua prática de investigação, a aquisição de uma compreensão geral dessas forças e um aumento de conhecimentos seguros das mesmas, através de campos especializados de investigação" (Elias, 1980, p. 17).

Dentro da perspectiva de pensar os processos sociais interligando o indivíduo à sociedade, Wright Mills (1975) propõe a imaginação sociológica como ferramenta de compreensão da relação entre a história e a biografia dentro da sociedade. Nesse sentido, a imaginação sociológica ajuda os indivíduos a compreender o cenário histórico mais amplo e capacita-os a relacionar este com as suas vidas.

A ideia aqui é pensar na contribuição que esses teóricos nos dão para pensar e justificar a abordagem sociológica na compreensão dos fenômenos sociais. Portanto, a Sociologia como disciplina de ensino médio pode contribuir com suas ferramentas conceituais, teóricas e metodológicas para a construção da capacidade analítica dos educandos.

(1.3) A contribuição da Sociologia para a construção de educandos críticos, emancipados e autônomos

Para pensar na questão proposta para o presente texto (a finalidade do ensino de Sociologia), faz-se necessário, por um lado, refletir sobre os pressupostos que asseguram certa legitimidade da ciência e suas perspectivas e, por outro, relacionar esses pressupostos com a prática social. Afinal de contas, independentemente das escolhas que os indivíduos fazem em suas vidas, eles, ou melhor, nós, vivemos em sociedade.

E, para que possamos pensar nos processos históricos que influenciam as nossas ações cotidianas, é preciso uma disciplina que se proponha a estudá-los de forma a ultrapassar, conforme propõe Bourdieu (1999), as primeiras impressões acerca dos fatos sociais e colaborar para que nós, indivíduos inseridos numa trama de relações sociais, tenhamos condições de questionar e problematizar uma série de relações naturalizadas e carregadas de preconceitos e prenoções.

Para responder a essa questão, é preciso pensar na escola como uma ferramenta que auxilia na integração dos indivíduos na sociedade mediante o processo de incorporação dos valores (socialização) e conhecimentos considerados importantes numa determinada época.

Nesse sentido, a Sociologia é uma disciplina que, além de auxiliar os educandos a pensar nos processos históricos de produção desses conhecimentos, colabora para a problematização destes, levando em conta a experiência dos alunos na vida social, fazendo com que eles percebam que os fenômenos sociais não estão deslocados de seu contexto histórico.

Moraes (1999, p. 51) aponta a possibilidade, por meio do auxílio da sociologia, que o educando tem de desenvolver uma compreensão com base em sua própria experiência: "A experiência é formada à medida que o aluno vai dominando e manipulando linguagens especiais, testando e efetivando explicações, decodificando e compreendendo a estrutura do social e dos discursos sobre o mundo e sobre o homem".

A postura do professor em sala de aula pode estar orientada a perceber que o educando não ocupa uma posição passiva no processo de construção do conhecimento, mas, ao contrário, ele se torna ativo nesse processo e contribui, também, para a reconstrução dos saberes dos próprios professores. Essa postura está diretamente relacionada àquilo que Paulo Freire (2006) assim denominou: *educador/educando* e *educando/educador*. Essa relação dialética demonstra que na construção do conhecimento, professores e alunos ocupam os mesmo papéis em momentos diferentes.

Dessa forma, a sociologia pode contribuir para a busca da autonomia dos indivíduos em suas reflexões sobre a sociedade. Longe de trazer esquemas teóricos prontos de explicação da realidade, ela tende a instaurar um processo permanente de construção e reconstrução de seus pressupostos, a fim de auxiliar na busca da compreensão e da ação transformadora dos indivíduos como pertencentes ao mundo social.

Sendo assim, Maria Teresa Nidelcoff (1979) propõe que a tarefa do(a) professor(a) das ciências sociais e humanas em geral é auxiliar os estudantes a VER e COMPREENDER a realidade, a EXPRESSAR e SE EXPRESSAR dentro dessa realidade social, bem como DESCOBRIR e ASSUMIR a responsabilidade de ser elemento de mudança da realidade social.

Portanto, mais do que memorizar conteúdos predefinidos, os educandos podem desenvolver uma série de habilidades que os permitam fazer uma leitura crítica da realidade. O sentido de crítico aqui não está relacionado à postura do "ser do contra" e, sim, a um posicionamento resultante de um conhecer sistematizado, organizado e elaborado, com base numa prática investigativa do mundo social que pode ser realizada em sala de aula.

O resultado desse processo pode proporcionar em nossa sociedade a formação de sujeitos mais autônomos, críticos e posicionados na busca constante de sua emancipação no mundo social, pois estará apto a encarar os desafios sociais tendo como elementos vitais a reflexão e a ação.

(.) Ponto final

O objetivo principal deste capítulo foi discutir a importância da presença da disciplina de Sociologia no ensino médio. Os argumentos utilizados para justificar tal afirmação relacionaram-se tanto com seu campo de conhecimento estruturado com base em características específicas para compreender a realidade social quanto com a sua capacidade de contribuir para a formação dos educandos numa perspectiva crítica que resulte numa maior autonomia e emancipação dos estudantes como sujeitos sociais.

Indicação cultural

NIDELCOFF, Maria Teresa. *A escola e a compreensão da realidade*: ensaio sobre metodologia das ciências sociais. São Paulo: Brasiliense, 1979.

Atividades

1. Reflita, com base no texto, sobre a relação entre a proposta da LDBEN/1996 para a formação da cidadania e a contribuição da Sociologia para esse fim.
2. Qual é a importância do aporte científico da Sociologia ou das Ciências Sociais para justificar a presença destas como disciplinas para o ensino médio?
3. Imagine que você foi convidado(a) a propor e construir uma disciplina de Sociologia ou Ciências Sociais para o ensino médio de uma escola. Como você justificaria a presença dessa disciplina na grade curricular?

(2)

O educador no ensino médio:
desafios à prática significativa

Francisco dos Santos Kieling é licenciado e bacharel (2005) em Ciências Sociais e mestre em Sociologia (2008) pela Universidade Federal do Rio Grande do Sul (UFRGS). Foi educador de Ciências Humanas no Programa Nacional de Inclusão de Jovens, no período de 2006 a 2007, tutor do curso Planejamento e Gestão para o Desenvolvimento Rural, modalidade a distância, da UFRGS (2008) e professor substituto do Departamento de Ensino e Currículo da Faculdade de Educação da UFRGS (2008).

Francisco dos Santos Kieling

Refletir sobre a prática docente é um dos passos fundamentais do educador de escola básica que pretenda fazer de sua ação em sala de aula uma ação com significados consequentes para si e para os sujeitos e grupos sociais com os quais trabalha. A reflexão sobre a constituição social da profissão e sobre a prática cotidiana em escolas, nas salas de aula e nos fóruns informais de educação possibilita ao educador o aperfeiçoamento de sua ação, garantindo sua constante qualificação pedagógica.

    Neste capítulo, pretendemos situar a importância e a centralidade da profissão docente no trabalho educativo escolar, que se encontra, por um lado, pressionado por movimentos de expansão do voluntariado e, por outro, pela emergência das novas tecnologias. Abordaremos também a discussão sobre a identidade docente do educador da escola básica, que é fragmentada entre o grupo que auxilia a formar – os jovens adolescentes – e a área de conhecimento específica na qual é formado. Por fim, discutiremos a contribuição do sociólogo para o diálogo entre educadores e educandos, ao situar os jovens e a escola em relação à sociedade na qual estão inseridos.

(2.1) Entre palpites e novas tecnologias

A profissão docente passa por constantes reavaliações das especificidades que envolvem sua prática rotineira, seu conteúdo específico e sua importância social. Nos últimos anos, esse olhar sobre a profissão docente tem sido influenciado por dois fenômenos específicos.

Por um lado, o discurso público e político sobre a necessidade de valorizar a educação básica, aliado à crítica à ação estatal, conduz a um amplo espectro de ações comunitárias, empresariais, voluntárias e voluntaristas que vinculam o envolvimento da sociedade em geral ou a privatização à qualificação da educação básica (Arroyo, 2000). Essas ações não podem ser reduzidas a um único tipo, já que apresentam uma heterogeneidade que varia das experiências escolares do Movimento dos Sem Terras (MST) até os Amigos da Escola, da Rede Globo de Televisão, passando por programas como o Escola Aberta para a Cidadania (programa da Organização das Nações Unidas para a Educação, a Ciência e a Cultura – Unesco), jogos escolares, projetos de extensão universitária, de parcerias com associações comunitárias, escolas empresariais, entre outros.

Por outro lado, os avanços das novas tecnologias da informação e da comunicação são apontados como soluções definitivas para os problemas de ensino-aprendizagem das novas gerações. As crianças e os jovens da atualidade, em grande parte, já estão familiarizados com esses recursos e cada vez mais entediados com as tradicionais aulas de uma escola parada no tempo. Já aqueles que não têm contato com essas novas tecnologias vislumbram na escola uma excelente oportunidade de aprendizado e familiaridade com esses recursos.

Entre as novas tecnologias, destacam-se desde a internet e as possibilidades de pesquisas abertas por ela – que se configuram numa potencialidade e também num perigo, tendo em vista o acesso facilitado a textos prontos, muitas vezes simplesmente copiados – até os programas-piloto de distribuição de computadores aos educandos dos ensinos fundamental e médio. Entre os recursos disponibilizados, ainda podemos destacar a televisão, os quadros e os mapas interativos, os jogos educacionais e os cursos por videoaulas, acompanhados por meio de Ambientes Virtuais de Aprendizagem (AVA), que possibilitam a conexão direta entre um educador-tutor e um educando que se situam em localidades muito distantes.

Imersos nessa complexa trama de relações e interesses sociais que atravessam a educação em geral e a escola, especificamente, estão os educadores. Estes se encontram pressionados, de um lado, pela apropriação do espaço institucional por grupos estranhos à comunidade escolar e, de outro, pela difusão fetichizada das novas tecnologias. Diante dessa situação, os docentes precisam dar respostas à sociedade e à comunidade escolar em que trabalham, de modo a dar conta da demanda por ensino de qualidade e reestruturar uma identidade docente que os afirmem, junto com os educandos, como sujeitos do processo de ensino-aprendizagem.

A colaboração de grupos externos à escola e à comunidade escolar é bem-vinda quando: a) auxilia a gestão escolar, inserindo, no cotidiano institucional, práticas participativas e democráticas, b) compartilha tempos e espaços educacionais ampliando a convivência comunitária dentro da instituição, qualificando-a como espaço sociocultural presente e atuante na vida local e c) potencializa a ação pedagógica do corpo docente.

Desse modo, podemos afirmar que as parcerias com grupos e outras organizações sociais precisam ser constituídas com base num planejamento escolar amplo, que atenda a demandas específicas que qualifiquem a ação escolar e dinamizem a participação da comunidade no cotidiano da escola sem, no entanto, desresponsabilizar os agentes públicos de suas obrigações para com a educação básica. Por isso, essas parcerias não podem ser utilizadas para substituir os investimentos públicos ou a ação pedagógica dos educadores.

Chegamos a esse entendimento com base em algumas considerações. A primeira situa sinteticamente o papel do Estado (em suas três esferas: municipal, estadual e federal) como único agente capaz de promover políticas públicas universais na esfera educacional, seja por meio de regulamentação, seja por meio de execução própria das ações nessa área. Isso se torna possível com base em acordos políticos amplos, gerados por meio de consensos possíveis produzidos nos espaços públicos de deliberação.

A segunda trata dos aspectos constituintes da identidade socioprofissional. A ação docente é resultante de uma ação específica promovida por indivíduos, isolados ou em grupo, em instituições específicas constituídas sob a finalidade de difundir um mínimo denominador comum de conhecimentos (científicos, lógico-matemáticos, linguísticos, históricos, geográficos, sociológicos, filosóficos), bem como promover a construção de outros saberes por meio da confrontação dos saberes previamente adquiridos pelos educandos e educadores com esses conhecimentos escolares, num processo de construção ativa e permanente do conhecimento que se dá em nível individual e coletivo.

(2.2) Construção identitária do educador

A ação docente resulta, necessariamente, de uma série de conhecimentos práticos e de preferência também teóricos, constituídos durante um longo processo de socialização escolar – desde o contato com os primeiros educadores, na infância – e de formação educacional até chegar ao ensino superior, já especificamente nos cursos de licenciatura.

Essa ação, portanto, é resultado de um ofício aprendido, um fazer qualificado, especializado e dominado por poucos. De acordo com Miguel Arroyo (2000, p. 17-26), os traços característicos desse ofício são: a) o convívio de gerações, b) o acompanhamento e c) a condução da infância e da adolescência num processo de socialização, formação e aprendizagem, por meio de uma relação de ensino-aprendizagem.

A especificidade da docência faz com que o trabalho do educador seja central na ação educativa escolar, o qual envolve um saber-fazer, um planejamento e uma intervenção. A educação em geral, por sua vez, "é uma empreitada tão séria que não poderá ficar apenas por conta dos seus profissionais, mas também não aconteceria sem eles, sem sua perícia, seu trabalho qualificado" (Arroyo, 2000, p. 21).

Conforme Arroyo, são essas peculiaridades aprendidas e associadas à relação educativa em sala de aula (o convívio entre educador e educandos) que qualificam os espaços educativos e contribuem para caracterizar a identidade docente. É sobre essas peculiaridades da profissão docente – a) que abarca a vida do educador como um todo (tanto na esfera pública como privada), b) que demanda permanente reflexão e qualificação e c) que envolve o trabalho de formação das futuras gerações – que se constituem as reivindicações de reconhecimento simbólico e econômico dos educadores da escola básica.

Entre esses educadores, ainda existe uma diferenciação relacionada à faixa etária que ajudam a formar. Educadores de ensino infantil têm sua identidade ligada ao cuidado com a primeira infância; aqueles vinculados às séries iniciais do ensino fundamental, à segunda infância e à alfabetização. O educador de nível superior está marcado pela formação de profissionais especializados. Entre os dois primeiros grupos e o último, estão situados os educadores de séries finais do ensino fundamental e do ensino médio. Estes dominam conhecimentos específicos sobre os quais ministram suas aulas, mas não formam especialistas. Contribuem para a formação dos adolescentes, mas não incorporam a mesma relação de proximidade que marca o ensino infantil e as primeiras séries do fundamental (Arroyo, 2000, p. 27-36).

As séries finais do ensino fundamental e o ensino médio constituem uma etapa importante e decisiva, seja na vida escolar, seja na vida pessoal dos jovens, porém geram uma indefinição identitária aos educadores envolvidos com esses grupos. Isso ocorre porque não há uma marca que acompanhe esses educadores na definição da sua identidade. Por um lado, a formação específica é uma marca que acompanha o docente por toda sua trajetória e, por outro, o acompanhamento e a contribuição para a formação da juventude é constitutiva da identidade docente, assim como a infância e a fase adulta são para as outras categorias docentes.

O educador de Sociologia que trabalha no ensino médio carrega como marca individual a sua formação específica e as preocupações curriculares da sua área de formação. Ao mesmo tempo, precisa dar conta do aparato pedagógico necessário à formação do jovem-adolescente que está nesse nível de ensino em que ele trabalha.

Internamente à profissão, essas marcas precisam ser muito bem resolvidas pelo educador e pelo conjunto de educadores de uma escola. Isso ocorre porque as pressões externas ao cuidado de jovens são expressivas. Há inúmeros concorrentes que operam no âmbito de atuação da educação de jovens que contribuem ou interferem indevidamente nessa tarefa.

Além dessa interferência, as condições de trabalho do docente nas escolas básicas, segundo Henry Giroux (1987), estão longe do desejável: desde as questões salariais e de carreira pública ou privada, que remetem ao processo de proletarização docente, até as condições de violência física e simbólica a que esses profissionais são submetidos.

A compreensão dessas condições externas e internas à escola pode auxiliar o educador a posicionar-se de forma consciente e sem idealismo diante da realidade em que irá agir e com os grupos com quem irá trabalhar. Reconhecer as debilidades das escolas pública e privada não pode servir para justificar o imobilismo ou o fatalismo. Identificar a complexidade da ação docente não pode servir para justificar a falta de ação. Por essa centralidade do trabalho docente, a aposta no educador – em sua qualificação e valorização – e o comprometimento individual desse educador com os processos de ensino-aprendizagem são fundamentais para a resolução dos problemas históricos pelos quais passa a escola básica no país (Demo, 2007).

É importante reconhecer a pluralidade de saberes em formação desde as séries finais do ensino fundamental e do grande número de profissionais envolvidos na formação dos jovens que estão na escola. Com base nesse reconhecimento, é fundamental ao grupo de educadores comprometidos com a formação dos jovens uma ação colaborativa, desde o diagnóstico local até a avaliação e a autoavaliação dos processos educativos escolares. Essas tarefas precisam estar ligadas ao entendimento de que o centro das suas atividades é a formação escolar dos jovens.

A marca característica do trabalho docente voltado aos jovens tem sido a dispersão e a fragmentação de práticas e conteúdos. Os conteúdos específicos que marcam cada área do conhecimento não podem servir de baliza para o isolamento do educador. As práticas cotidianas precisam se organizar em torno dos grupos de jovens reunidos em turmas e turnos escolares, e não esporádica e espontaneamente em torno de educadores isolados.

Por ser o processo de ensino-aprendizagem do educando o foco para a prática docente, a leitura do mundo deve balizar a leitura dos conteúdos escolares e não o contrário. Essa leitura do mundo não é fragmentadora, ela é totalizadora. A perda de partes dessa leitura em função de práticas educativas desfocadas da realidade do jovem ou desconectadas dos projetos coletivos dos educadores e da escola resulta na desqualificação da releitura do mundo por parte dos educandos. Isso facilita a permanência ou o reforço de preconceitos enraizados e a não conscientização do sujeito sobre suas relações em sociedade, o que emperra processos de transformação democratizadora da sociedade.

(2.3) Situando os sujeitos e a escola no mundo social: a Sociologia no ensino médio

O educador de Sociologia relaciona-se ao mesmo tempo com os seus colegas docentes, com os jovens que ajuda a formar e com uma série de conhecimentos considerados adequados e necessários para os jovens se situarem de forma consciente e autônoma diante da realidade social.

O mundo social – com ou sem os conhecimentos sociológicos – cercará e influenciará os educandos-sujeitos e, com base nele, realizarão as suas ações. A mediação realizada pelo educador em sala de aula se faz, de um modo, entre este mundo preexistente, as práticas cotidianas dos sujeitos e os conhecimentos derivados dessas práticas e, de outro, dos conhecimentos teóricos acumulados através de pesquisas feitas por diversos cientistas sociais. Do diálogo entre as prenoções dos sujeitos, oriundas das experiências sociais e das referências sociológicas abordadas pelo educador, cada educando constrói uma nova síntese sobre a sua percepção da realidade que o cerca.

Um dos objetivos centrais do trabalho do educador da disciplina de Sociologia, no ensino médio, é contribuir para o jovem se situar no mundo de relações sociais à sua volta. Não há uma receita pronta de como fazer isso. As *Orientações curriculares para o ensino médio* (Brasil, 2006), do Ministério da Educação (MEC), apontam para três formas genéricas: por meio de temáticas, de conceitos ou de teorias.

Fundamental nesse processo é encontrar pontos de apoio às explicações e aos conteúdos sociológicos na realidade social que cerca os jovens com quem se está trabalhando. Isso não significa ficar preso à vida comunitária e local. Esse é o ponto de partida dos estudos sociais do ensino fundamental, que constituem as estruturas necessárias aos conhecimentos mais complexos. Apoiar os conteúdos da sociologia na realidade do jovem educando é identificar na realidade vivida e percebida pelos jovens o que acontece e interfere no cotidiano deles, e relacionar com explicações e processos macrossociais.

Entre os aspectos que podem ser trabalhados, estão: a) a problematização das "teorias de senso comum", que muitas vezes estão permeadas por questões ideológicas protetoras de interesses particularistas, e b) o método científico, que empodera os jovens educandos com os instrumentos de análise que balizam as opiniões e os projetos político-sociais. Dessa forma, possibilita-se situar de forma crítica os discursos e as práticas sociais de grupos diversos e compreender as relações de cooperação e conflito que marcam a sociedade em que vivem.

A construção da cidadania – tarefa das instituições e esferas educacionais como um todo, mas indicada como responsabilidade do ensino das humanidades – exige como ponto de inflexão o debate sobre a sociedade, desde a vida comunitária até as dinâmicas macrossociais que impactam a vida local.

Muitas oportunidades têm sido perdidas por mediadores públicos que insistem em considerar o debate sobre os rumos da sociedade, por um lado, como a discussão sobre as teorias sociológicas em si, descoladas da realidade atual; por outro lado, como monopólio de um grupo de intelectuais ou de uma elite, cujas deliberações devem ser comunicadas aos demais grupos sociais.

Dessa forma, perde-se a oportunidade de realizar um debate amplo e qualificado com os sujeitos sociais oriundos de grupos e classes diversos, que estão, por um momento, na escola. Além disso, as possibilidades de produção de transformações sociais com base nas ações conscientes desses sujeitos em diversas esferas da vida local ficam, assim, comprometidas.

É comum a existência de práticas docentes caracterizadas pela exclusiva exposição de conteúdos por meio de textos ou discursos. Esse momento é importante; ele possibilita a explicação de novos conteúdos e a relação entre estes e a realidade local, mas não pode ser exclusivo em nenhuma sala de aula, menos ainda numa aula de Sociologia.

Por si só, as aulas expositivas não cumprem os objetivos da escolarização. Para que os processos de ensino-aprendizagem sejam significativos para a vida dos jovens educandos e contribuam para a resolução dos seus problemas e qualificação das suas práticas, é fundamental a construção de vínculos entre estes e os educadores. A construção desses vínculos depende do diálogo que o educador estabelece em relação a esses grupos.

O educador de Sociologia, como o sociólogo da escola, está qualificado e deve ter sua ação expandida para além da sala de aula (Dayrell; Reis, 2007). A compreensão das peculiaridades da condição juvenil, da adolescência e das condições sociais específicas em que vivem os educandos de determinada escola pode contribuir para o trabalho do conjunto de educadores da escola. Isso ocorre porque o diálogo construído com os jovens, com base nesses entendimentos, contribui para a efetivação de uma relação de respeito e colaboração entre os dois grupos.

(.) Ponto final

Neste capítulo, buscou-se evidenciar a importância da reflexão sobre a prática docente como aspecto qualificador da ação educativa. Como contribuição a essa reflexão, situou-se a ação docente no centro no trabalho educativo escolar. Tratou-se também do debate sobre a identidade do docente da escola básica, segmentada entre o grupo etário que auxilia a formar e a área de conhecimento específica na qual é formado. Por fim, discutiu-se o papel do educador de Sociologia no diálogo entre educadores e educandos.

Indicações culturais

ARROYO, Miguel Gonzalez. *Ofício de mestre*: imagens e autoimagens. Petrópolis: Vozes, 2002.

GIROUX, Henry. *Escola crítica e política cultural*. São Paulo: Cortez; Autores Associados, 1987.

Atividades

1. A mediação exercida pelo educador entre a realidade imediata que o jovem vivencia e as teorias explicativas dessa realidade podem qualificar a compreensão desse cenário por parte do educando, contribuindo para o exercício

reflexivo deste sobre o mundo à sua volta. Reflita sobre essa afirmação e posicione-se a respeito disso.
2. De que forma o professor de Sociologia pode contribuir com a qualificação da prática escolar como um todo?
3. Com base na sua experiência acadêmica e educacional, elabore uma lista de temas que você considera pertinentes de serem trabalhados pelo educador de Sociologia no ensino médio. Justifique suas escolhas.

(**3**)

O educando no ensino médio

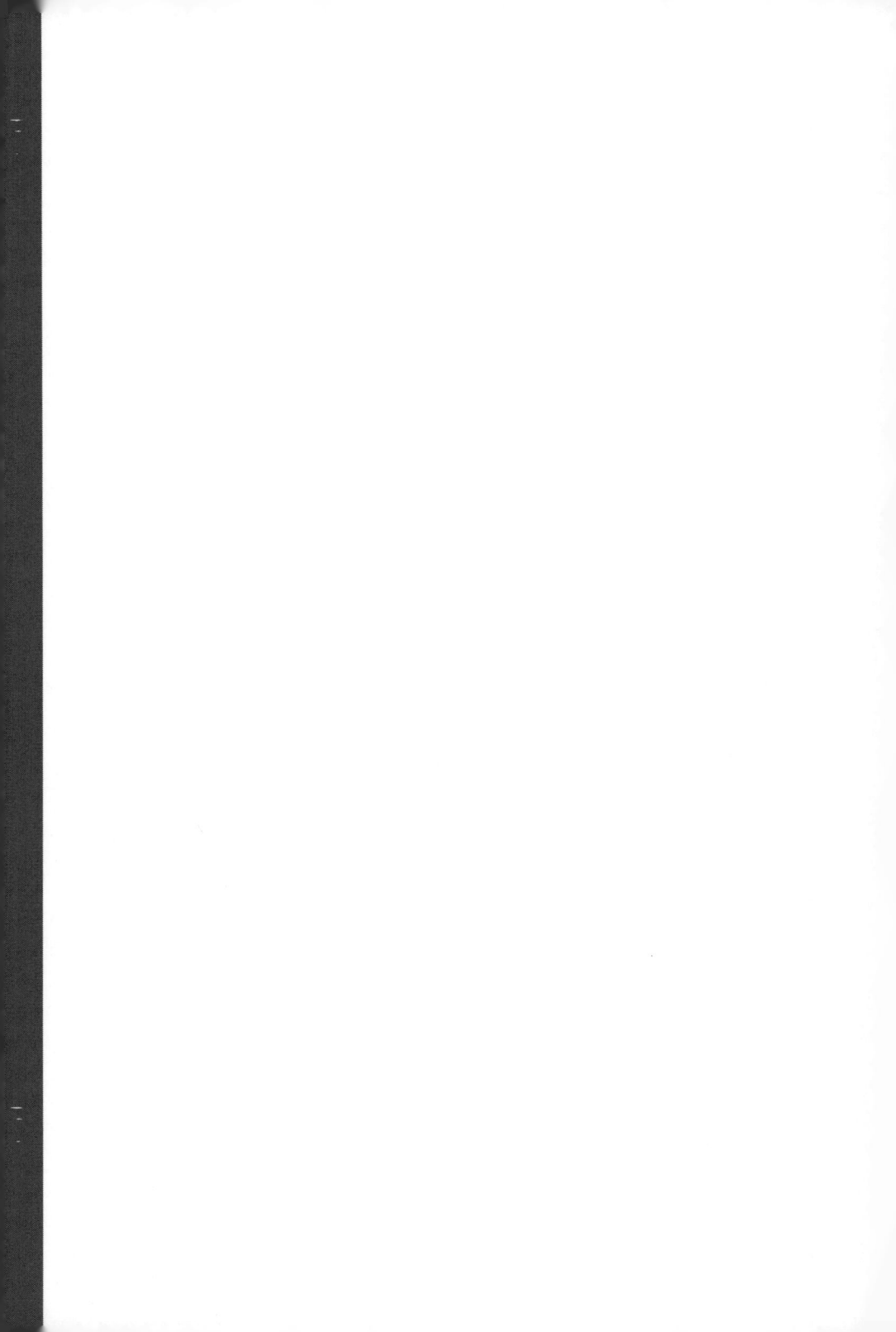

Francisco dos Santos Kieling

Este capítulo apresenta uma breve reflexão sobre o jovem educando do ensino médio. Uma das características desse nível de ensino é a presença de jovens adolescentes. Esse fato exige uma flexibilidade maior por parte dos educadores no momento de dialogar e constituir as práticas docentes significativas. Em função disso, buscamos abordar esse período de vida com base em reflexões sobre os aspectos centrais da adolescência que possibilitem a ressignificação dessas características.

Ao mesmo tempo, ressaltamos que, por particularidades da dinâmica escolar brasileira, não há apenas adolescentes no ensino médio. Muitos adultos também frequentam a escola básica – o que faz com que à pluralidade de origens sociais dos jovens do ensino médio acrescente-se também a diversidade etária. Por fim, destacamos a importância da sociologia para a formação dos jovens e das relações educativas que tenham como eixo a realidade local.

(3.1) É difícil o diálogo com adolescentes?

É comum ouvir em conversas com professores que os melhores grupos etários para se trabalhar são as crianças e os adultos. As facilidades de comunicação e diálogo e o reconhecimento obtido com base no trabalho com esses grupos situam no polo oposto do trabalho escolar os jovens adolescentes, esses rebeldes e resistentes.

As marcas características da fase adolescente da vida acentuam-se na escola, quando os jovens buscam a resolução de seus problemas imediatos e, muitas vezes, percebem a inutilidade da ajuda dessa instituição.

Com base nessa percepção, esse sujeito tende a se relacionar com a escola apenas de forma instrumental, perguntando constantemente: "O que ganho com isso?", "Para que isso?". Aqueles interessados em cursar o ensino superior percebem a escola como uma ponte que precisa ser atravessada e pragmaticamente se adaptam às relações de ensino-aprendizagem. Aqueles que almejam apenas o título básico não se comprometem efetivamente com os processos de ensino--aprendizagem, por percebê-los como processos inúteis e sem sentido. E, realmente, há pouco sentido nos conteúdos e nas práticas comuns da escola para a resolução dos problemas que os jovens trazem para dentro da sala de aula.

Isso não precisa ser assim, obviamente. Os estudos sobre qualidade de ensino e sobre os fatores condicionantes de repetência, evasão e desistência da escola de ensino médio indicam que inúmeros fatores culturais, econômicos e políticos – sociais, portanto – atravessam esses processos.

Para que a relação instrumental dos educandos com o processo de ensino--aprendizagem seja enfrentada pelos educadores, é necessário ter clara a concretude desses fatores sociais na vida institucional da escola e no cotidiano desses jovens[a]. Somente a consciência disso pode fazer com que a atuação sobre os fatores pedagógicos possam resultar em processos significativos de ensino--aprendizagem voltados a esses jovens.

Sobre os fatores sociais, os educadores podem atuar nos âmbitos público e político como qualquer cidadão. No entanto, é sobre os fatores pedagógicos que, individual e coletivamente, os educadores podem agir diretamente e produzir relações de ensino-aprendizagem significativas para o conjunto de educandos.

---

a. Um ótimo estudo sociológico sobre juventude foi organizado pela Ulbra e coordenado por Nilson Weisheimer, na obra *Sociologia da juventude* (ver Ulbra, 2009).

Não podemos esquecer que os jovens estão nas escolas em busca de algo. Auxiliá-los na construção das soluções para os problemas existenciais vividos por eles é um caminho certo para a conquista de interesse formativo e construção de diálogo com esses jovens cidadãos.

No ensino médio, o jovem já constituiu uma série de relações e vínculos. A experiência sobre e com o mundo apresenta, aos 14, 15 anos, uma densidade considerável. A vida familiar e comunitária, o grupo de amigos, as angústias amorosas, as relações institucionais, as primeiras experiências de trabalho, todas essas esferas da vida individual e social marcam a vida do jovem objetivamente, contribuindo para a formação das suas percepções sobre o mundo que o rodeia.

Como mencionam Nelson Tomasi e Edmilson Lopes Júnior (2004), os jovens da atualidade apresentam posturas subversivas, críticas da realidade, sem deixar de celebrar a vida. Isso se reflete em práticas e comportamentos que não correspondem a um tipo ideal de aluno, como aquele que faz as atividades prontamente, fica em silêncio em sala de aula, escuta os comunicados escolares. Ao não corresponder ao educando que se espera encontrar na escola, é tratado como rebelde, resistente à aproximação do educador e ao saber escolar.

O desafio é trazer para dentro da sala de aula esse ser questionador e atuante, até porque "é uma tragédia não conseguir estabelecer um diálogo proveitoso com os educandos" – como diria um educador sério e comprometido com os processos de ensino-aprendizagem. Para isso, é importante conhecer esses educandos, situar o debate a respeito deles e dos conteúdos e das práticas escolares com base nas suas perspectivas, e não nas perspectivas adultas, como é mais fácil fazer.

(3.2) Entre dilemas e perspectivas: desnaturalizando a rebeldia

Para construir o diálogo com os educandos, é necessário aos educadores (re)conhecer algumas características básicas do momento pelo qual o jovem está passando em sua vida[b].

---

[b]. É importante mencionar a necessidade de o futuro educador reconhecer o momento de vida pelo qual o jovem adolescente passa. Isso porque o educador que entra em sala de aula já esteve do outro lado da relação. Ele já conheceu os dilemas e as expectativas que aquela posição e aquela faixa etária carregam. Salvo as características específicas de cada geração, os aspectos psicofisiológicos não diferem muito daqueles vivenciados pelo adulto dos dias atuais. Devemos apenas ter o cuidado de não minimizar os problemas pelos quais já passamos e que esses jovens enfrentam. Essa é uma perigosa tendência que faz com que os adultos desprestigiem os dilemas juvenis.

De acordo com Freire (1997, p. 88)

> *a maneira como o adolescente se vê como tal tem muito a ver com a maneira como o adolescente se revê como ser. O momento da adolescência é aquele em que a criança toma conhecimento do seu passado. A criança avalia o que ela vem sendo, o que ela foi como criança. Quanto mais o adolescente rompa com o projeto que foi enquanto criança, tanto mais problemática possivelmente será a sua adolescência. Quanto menos ele gostou de ter sido o que foi, tanto mais ele tende a problematizar-se.*

Todo jovem-adolescente passa por essa avaliação[c]. Aliás, todo ser humano passa por esse processo constantemente, só que o jovem o experimenta conscientemente pela primeira vez durante a adolescência. E, como se não bastasse, nessa fase da vida, as transformações fisiológicas acontecem concomitantemente a essa revisão do passado.

Além da complexidade individual desse processo de se reconhecer como ser, o jovem brasileiro ainda precisa enfrentar uma série de vulnerabilidades a que está exposto. Estas são decorrentes da situação social específica vivida de forma diferenciada, conforme o local de moradia e a classe social de origem. Às rupturas com a própria trajetória somam-se as rupturas com o mundo social à sua volta, seja no âmbito privado e na família, seja no âmbito público e nas instituições em que atua.

O modo como essas rupturas vêm à tona se dá por meio do fenômeno conhecido como *rebeldia*. A rebeldia faz parte da constituição do ser, da autonomia necessária para a vida em sociedade. É um fenômeno absolutamente normal. Freire (1997) menciona que "não se pode *ser* sem rebeldia". Diante dessa situação, o fundamental aos educadores é refletir sobre o seu papel nesse processo.

Limitar a esfera de expressão da rebeldia mediante regras rígidas e castigos pode ter como consequências aulas silenciosas, matéria no caderno e conferência do aprendizado mediante provas de repetição. No entanto, essa dinâmica pacífica de convivência entre educadores e educandos é inimiga da criatividade, que necessita da liberdade para se desenvolver. Sobre esse aspecto, Freire (1997, p. 97) diz: "a liberdade precisa de limites, a autoridade inclusive tem a tarefa de propor os limites, mas o que é preciso, ao propor os limites, é propor à liberdade que ela interiorize a necessidade ética do limite, jamais por meio do medo".

Abafar a rebeldia com planos estanques de aula, fidelidade extrema ao programa da disciplina e práticas disciplinadoras tende a produzir mais rebeldia.

---

c. A categoria "jovem-adolescente" foi construída por Nilson Weisheimer e consta em sua tese de doutorado, intitulada *A situação juvenil na agricultura familiar* (ver Weisheimer, 2009).

E a pior forma de rebeldia que pode transparecer para a escola é o abandono, a evasão, a desistência. O educando que desiste da escola pode estar tomando essa atitude por motivos de força maior: necessidade de trabalhar, incompatibilidade de horários, miséria absoluta, entre outros. No entanto, segundo Marcelo Neri (2009), o que tende a acontecer com os jovens adolescentes que evadem da escola é que eles desistam dela diante das normas inconsistentes e incoerentes, da incompreensão do seu momento e da percepção de que essa instituição pouco contribui para a sua formação como ser, tornando-se, conforme Bernard Charlot (2001), inútil para a construção de relações de respeito e reconhecimento, desajadas pelos jovens. Para esse jovem, a escola deixa de ter significado enquanto meio de superação da situação presente e produção do futuro.

A rebeldia precisa ser entendida como uma forma de resistência à inércia que a dinâmica da vida social condiciona o jovem a seguir. É um sinal que o jovem reflete sobre a sua própria vida e demonstra insatisfações sobre os seus rumos. Nas interpretações não reprodutivistas, o papel da escola é o de promover aptidões, criatividade, inovações, enfim, desenvolvimento. Se o jovem resiste a um processo inercial a que está submetido e que pode condená-lo a uma vida alienada e miserável, é função da escola contribuir para essa ruptura, dando consequência produtiva à rebeldia e não abandoná-lo e excluí-lo por se rebelar perante uma situação de vida que considera injusta ou incapaz de responder às suas expectativas.

Diante dessa discussão, o educador individualmente e o corpo docente da escola como um todo, de preferência em diálogo com a comunidade escolar, precisam tomar uma posição política. Com base nesta posição, necessitam definir, no seu planejamento, se querem uma escola para os poucos que se ajustam ou uma escola que auxilie os jovens a construir suas respostas sobre o mundo que estão descobrindo e sobre si mesmos, reconstruindo positivamente os significados sobre si e sobre as relações que estabelecem em sociedade.

Percebam que essa decisão já foi construída em sociedade e elaborada na forma de lei. Portanto, essa é uma falsa escolha a ser tomada. A escola pública no Brasil deve dar conta do ensino das tecnologias do trabalho intelectual[d] e contribuir para a formação de uma sociedade justa e democrática. Mesmo assim,

---

d. *Tecnologias do trabalho intelectual* são entendidas conforme a proposta de Nelson Dacio Tomasi e Edmilson Lopes Júnior: "habilidades que incluem ler e escrever com desenvoltura, além de saber pesquisar em bibliotecas, nos dicionários, livros de referência ou nos específicos, procurar artigos em revistas especializadas; e acima de tudo saber fazer anotações sobre as leituras feitas. [...] significa também a organização de um arquivo de anotações e fichamentos, bem como a leitura de quadros estatísticos e gráficos" (Tomasi; Lopes Júnior, 2004, p. 71).

por inúmeros fatores, muitos educadores continuam tomando o caminho mais fácil e, inconscientemente, contribuindo para a exclusão do jovem da escola.

Tomasi e Lopes Júnior (2004, p. 70) retomam uma conferência de Eric Hobsbawn e alertam a todos os educadores: "Os estudantes que obtêm as melhores notas cuidarão de si mesmos, ainda que seja para eles que você gostará de lecionar. Os outros são os únicos que precisam de você".

É necessário identificar os jovens que estão na escola, conhecê-los, ouvi-los. Saber suas preocupações pessoais e sociais, especialmente numa disciplina de Sociologia. Ter presente a pluralidade das histórias de vida, das faixas etárias, dos grupos étnicos, culturais e sociais existentes numa turma – somente conhecendo os jovens com quem vamos trabalhar é que poderemos planejar uma disciplina de Sociologia que tenha ressonância no grupo com que pretendemos dialogar.

A importância da aproximação ao contexto de vida do jovem se dá pelo compromisso da escola com ele. É o compromisso no entendimento da sua condição de vida imediata e para que, com base nele, abra-se a possibilidade de o jovem cidadão estabelecer novas relações que sejam marcadas por transformações e continuidades desejadas, refletidas e conscientemente produzidas, de modo que o momento na escola possa contribuir para a superação dos dilemas e a construção dos pilares que sustentem os projetos futuros.

(3.3) Os jovens que estão no ensino médio

Os jovens que cursam o ensino médio no Brasil não são os jovens que idealmente deveriam estar nesse nível de ensino. Conforme as normas da educação básica do país, idealmente o ensino fundamental compreenderia a faixa etária entre 6 e 14 anos de idade, e o ensino médio, a faixa etária entre 15 e 17 anos.

O fato é que, no ensino médio, mais de 3 milhões de educandos (36,76% das matrículas) estão na faixa entre 18 e 24 anos de idade (ver Tabela 3.1), ou seja, mais de um terço dos jovens matriculados nesse nível de ensino no país não são adolescentes ou ao menos já passaram pelo início desse período. Por outro lado, 3,5 milhões de jovens entre 15 e 17 anos encontram-se ainda no ensino fundamental, convivendo durante seu processo de ensino-aprendizagem com crianças e frustrando-se cada vez mais com as práticas escolares.

Tabela 3.1 – Educandos no ensino médio – Brasil

Faixa Etária	Matrículas	%
0 a 14 anos	82.266	1,00
15 a 17 anos	4.539.022	54,92
18 a 19 anos	1.958.859	23,70
20 a 24 anos	1.079.570	13,06
25 a 29 anos	276.492	3,35
Mais de 29 anos	328.607	3,98
Total	8.264.816	100,00

Fonte: Adaptado de Inep, 2007.

Portanto, é fundamental ao educador que está no ensino médio respeitar também essa pluralidade etária dos jovens com quem trabalhará. Essa diferenciação traz consequências para a dinâmica da sala de aula. Há nesses espaços escolares adolescentes e adultos. Normalmente, eles estão divididos nos turnos diários. No turno da noite, estudam adultos ou jovens engajados em algum trabalho, em modalidades regulares ou supletivas. Enquanto isso, no diurno, concentram-se os adolescentes. Tendem a ser, portanto, públicos diferentes conforme o turno escolar.

As formas e os conteúdos que interessam aos jovens e aos adolescentes estão ligados à sua constituição como ser, no tempo e no espaço, e à sua projeção para o futuro – assim como ocorre com qualquer grupo etário. Com os adultos, o debate sobre temas, conceitos e teorias de amplo alcance tende a ser mais produtivo. A vivência no mundo do trabalho, a preocupação com temas públicos e a noção exata que esses assuntos impactam diretamente em sua vida são fatores que facilitam a aproximação entre educador e educando.

Com os adolescentes, esse trabalho pedagógico exige maior flexibilidade por parte do educador. O docente deve realizar uma mediação diferenciada de modo a abranger, nas aulas, os assuntos que tenham sentido para os educandos. Isso não significa que podemos infantilizar esses sujeitos. Significa que, para se cumprir os objetivos propostos, faz-se necessário criar vínculos com esses jovens que estão numa fase de maior resistência aos adultos. Esses laços serão mais fácil e amplamente constituídos e fortalecidos se o diálogo entre educadores e jovens ocorrer com base em temas que fazem parte do cotidiano deles, que sejam seu foco de interesse, e travado da forma mais horizontal possível.

(3.4) A sociologia e os jovens

A sociologia na escola tem o potencial de reconstituir as relações sociais nas quais o jovem está inserido. Trazer à consciência uma série de constrangimentos e potencialidades derivadas da sua posição no mundo tende a ser um ótimo caminho para, no trabalho com os jovens do ensino médio, problematizar e incentivar o "pensamento sociológico".

Fazer isso é corromper a ideia de que o conhecimento deve ser oferecido pelo professor (dono do saber legítimo) aos alunos (receptores desse saber). Isso não significa, entretanto, que o conhecimento que o educador domina e tem familiaridade não tenha legitimidade; muito pelo contrário, esse saber é legítimo. Mas pouco ou nada adiantará ao educando do ensino médio ser apresentado a algumas noções sociológicas, como alteridade, democracia, desigualdade, que não estejam relacionadas à sua realidade e que não sejam praticadas em sala de aula ou na escola.

A constituição da cidadania e a emancipação dos sujeitos sociais, objetivos principais da Sociologia no ensino médio, não se fazem somente por meio das ideias. É necessária a correspondência destas com as práticas sociais imediatas que esses sujeitos têm potencial de desenvolver com base na prática sociológica na escola.

Ajudar a escola a mergulhar na vida comunitária, levando em conta os anseios, os dilemas, as expectativas e os objetivos dos jovens com quem trabalha, é um passo importante que a Sociologia no ensino médio pode dar para enraizar e situar as práticas pedagógicas com seu público-alvo (Raizer; Pereira; Meirelles, 2008).

O estranhamento e a desnaturalização, objetivos da Sociologia no ensino médio, são tendencialmente mais impactantes quando provocados de dentro para fora. Ou seja, vai do contexto cultural imediato em direção ao contexto social ampliado. Iniciar com a compreensão e a problematização da realidade que interessa aos jovens e que eles conhecem pode ser uma ótima estratégia para a constituição de vínculos que permitam, ao longo do ensino médio, problematizar temas de amplo impacto na realidade regional e global.

(.) Ponto final

Neste capítulo, apresentamos uma discussão necessária à prática do educador interessado em construir vínculos com os educandos jovens-adolescentes do ensino médio. Foram examinadas as particularidades da rebeldia como um comportamento necessário à construção da autonomia do jovem. Revelou-se a pluralidade de faixas etárias presentes no ensino médio e o quanto é importante vincular a prática de pensar sociologicamente à realidade vivida pelos educandos, com o objetivo de garantir a construção de significados e a produção de consequências transformadoras na vida desses jovens.

Indicação cultural

ULBRA – Universidade Luterana do Brasil. *Sociologia da juventude*. Curitiba: Ibpex, 2009.

Atividades

1. Realize uma introspecção e reflita, com base nas referências apresentadas no texto, sobre o período da sua juventude. Depois, escreva um memorial descritivo sobre a sua trajetória escolar.
2. Cite ao menos cinco fatores sociais que impactam na constituição da vida do jovem e que têm grande potencial para repercutir no desempenho escolar deste.
3. Cite e comente três temas que possam ser trabalhados na disciplina de Sociologia que estejam relacionados ao contexto de vida peculiar dos jovens da sua região.

(4)

A investigação da realidade
como base para a construção
do programa de estudos

Analisa Zorzi

A proposta do presente capítulo é oferecer alguns elementos para a reflexão sobre a prática docente. Nesse sentido, buscamos abordar neste texto os conteúdos epistemológicos que estão por trás da relação que os educadores estabelecem com os educandos.

Para tanto, o capítulo está estruturado em duas partes. A primeira trata dos aspectos epistemológicos dessa relação e da condição de aprendizagem e construção de conhecimento por educadores e educandos. Já a segunda introduz o debate sobre a importância de – ao encararmos os educandos como sujeitos situados numa realidade social – introduzirmos, no programa de estudos da Sociologia, temas que tenham significados práticos na vida dos educandos com quem trabalhamos.

(4.1) Envolvimento do educando no processo de conhecimento de sua realidade

A maneira como construímos a relação educador-educando depende de como percebemos o processo de ensino-aprendizagem. Isso porque esse processo implica um posicionamento em relação ao que acreditamos ser a postura do educador e do educando em sala de aula e como ambos contribuem para a configuração desse processo. Podemos direcionar essa reflexão para uma discussão epistemológica sobre a construção do conhecimento e como os sujeitos desse processo se posicionam.

Fernando Becker (2001) trabalha com essa discussão mediante uma análise que envolve três perspectivas diferentes para entender a relação entre o professor e o estudante, bem como entre o sujeito que aprende e o objeto a ser conhecido. A isso o autor chama de *modelos pedagógicos* e *modelos epistemológicos*. Para o autor, existem basicamente três modelos pedagógicos que, por sua vez, relacionam-se a determinados pressupostos epistemológicos.

Becker chama o primeiro deles de *pedagogia diretiva*, configurada por uma série de fatores que constituem o processo de ensino-aprendizagem, quais sejam: a disposição dos estudantes em sala de aula, remetendo ao tradicional enfileiramento de classes; o silêncio absoluto dos estudantes, com o monopólio da palavra pelo professor. Ou seja, como sintetiza o autor: "Como é essa aula? O professor fala, e o aluno escuta. O professor dita, e o aluno copia. O professor decide o que fazer, e o aluno executa" (Becker, 2001, p. 16).

Permeando essa prática, está a perspectiva de que o conhecimento deve ser transmitido pelo detentor do conhecimento, no caso, o professor, aos que nada sabem, ou seja, os estudantes. Essa postura pedagógica implica uma relação de poder em que o professor, por ocupar a posição mais forte, impõe o saber ao aluno.

Esse modelo pedagógico estrutura-se com base numa visão de mundo determinada. Como o professor considera que o aluno nada sabe, ele deve ser moldado, aprendendo aquilo que lhe é transmitido; entretanto, ele deve admitir que já esteve na situação de seu aluno. Portanto, o professor acredita que todo o conhecimento adquirido por ele também lhe foi depositado um dia.

Para entender essa relação em termos epistemológicos, podemos pensar na relação entre o próprio sujeito que conhece e o objeto de conhecimento. Conforme Becker (2001, p. 16-17):

> *O sujeito é o elemento conhecedor, o centro do conhecimento. O objeto é tudo que o sujeito não é. – O que é o não sujeito? – O mundo no qual está mergulhado: isto é, o meio físico ou social. Segundo a epistemologia que subjaz à prática desse professor, o indivíduo, ao nascer, nada tem em termos de conhecimento: é uma folha de papel em branco; é tabula rasa. É assim o sujeito na visão epistemológica desse professor: uma folha de papel em branco. Então, de onde vem seu conhecimento (conteúdo) e a sua capacidade de conhecer (estrutura)? Vem do meio físico ou social.*

Essa perspectiva, chamada de *empirista*, acaba anulando a possibilidade de o aluno inserir-se nesse processo como sujeito ativo, pois não há espaço para a sua curiosidade, nem para a sua contribuição, já que o mundo e o conhecimento estão prontos para serem apreendidos por ele. Desse modo, existe um direcionamento tanto do objeto de conhecimento quanto do professor ao aluno. O sujeito não atua sobre o mundo, sobre a realidade social; isto já está pronto, ele deve apenas adequar-se a essa realidade.

Já a pedagogia não diretiva parte do pressuposto de que o estudante já tem um saber, devendo ele apenas trazê-lo ao nível da consciência. O professor, nesse processo, não interfere muito e atua como um facilitador. Para Becker (2001, p. 20), "O professor não diretivo acredita que o aluno aprende por si mesmo. Ele pode, no máximo, auxiliar a aprendizagem do aluno, despertando o conhecimento que já existe nele". Nessa perspectiva, o estudante já vem programado. Acredita-se, inclusive, que seu conhecimento esteja em sua herança genética. Basta, apenas, promover algumas ações para que esse conhecimento aflore.

A epistemologia relacionada a esse modelo pedagógico é definida como APRIORISTA, justamente por entender que o sujeito por si mesmo encontra seu caminho, pois ele já nasce incorporado do saber, nada o determina ou o condiciona.

Para complementar, Becker (2001, p. 22) aponta:

> *Nessa relação, o polo ensino é desautorizado, e o da aprendizagem é tornado absoluto. A relação vai perdendo sua fecundidade na exata medida em que se torna absoluta num dos polos. Em outras palavras, a relação torna-se impossível na medida mesma em que pretende avançar. Ensino e aprendizagem não conseguem fecundar-se mutuamente: a aprendizagem por julgar-se autossuficiente, e o ensino por ser proibido de interferir.*

Nesse trecho, fica clara a posição do estudante nesse processo. É sobre ele, individualmente, que recaí a responsabilidade do seu aprendizado. A sua autonomia individual, nesse caso, é considerada central para o sucesso do seu aprendizado. No entanto, muitas vezes, confunde-se autonomia com individualismo, por acreditar que tal postura torna o estudante autônomo quando, na verdade, ele se torna, muitas vezes, individualista.

É necessário considerar que autonomia pressupõe um processo de construção de uma condição de liberdade e da consciência com base numa reflexão crítica e prática, o que não significa inexistir uma relação com os outros, não haver o princípio da vivência e da ação na e para a comunidade (Machado, 2008). Por isso, autonomia tem muito mais a ver com a contribuição que o sujeito dá, com base em sua prática e em sua relação com outros sujeitos, para o permanente reconstruir a realidade, do que com a sua afirmação como sujeito individual que age conforme seus interesses apenas. Portanto, uma postura epistemológica apriorista e uma pedagogia não diretiva contribuem para o sujeito tornar-se individualista e não autônomo.

O terceiro modelo pedagógico Becker chama de *pedagogia relacional*, inserindo-se como uma crítica radical aos dois modelos anteriores, pois entende que a construção do conhecimento processa-se pela relação dos sujeitos envolvidos na ação. Ou seja, tanto o educador quanto o educando atuam de forma ativa no processo de ensino-aprendizagem. Esse pressuposto parte da noção de que "o aluno só aprenderá alguma coisa, isto é, construirá algum conhecimento novo, se [ele] agir e problematizar a sua ação" (2001, p. 23).

Parte-se do pressuposto de que o educando já tem certo conhecimento construído, pois ele passa, desde seu nascimento, por diversas fases de socialização e de aprendizagem não necessariamente ligadas à escola. Becker (2001), fazendo referência às formulações de Piaget, sustenta que a criança inicia o processo de conhecer a partir do momento em que nasce, pois já aí ela age e assimila algumas coisas do meio físico e social. Assim sendo, ao ingressar na escola, a criança não é uma tábula rasa como pressupõe o empirismo.

Esse pressuposto epistemológico, chamado, então, de *construtivismo*, leva em conta esse movimento de conhecer, que é anterior à escola e não cessa na saída desta. Faz parte da própria constituição do ser humano esse processo contínuo de construção do conhecimento a respeito do mundo físico, químico, biológico, social, entre outros. Fazendo referência mais uma vez a Piaget, Becker (2001) explica como se constitui esse movimento: cada vez que o sujeito entra em contato com algo novo, assimilando determinado objeto de conhecimento, esse conteúdo assimilado provoca-lhe perturbações que o farão refazer seus instrumentos de assimilação para poder acomodar esse novo conhecimento, e assim sucessivamente. Claro que o processo é mais complexo, mas essa síntese permite entender e confirmar a atuação sempre ativa dos sujeitos em sua aprendizagem.

Conforme Becker (2001, p. 26):

> *No mundo interno (endógeno) do sujeito, algo novo foi criado. Algo que é síntese do que existia, antes, como sujeito – originalmente, da bagagem hereditária – e do conteúdo que é assimilado do meio físico ou social. O sujeito cria um outro, dentro dele mesmo, que não existia originalmente. E cria-o por força de sua ação (assimiladora e acomodadora). A ação do sujeito, portanto, constitui, correlativamente, o objeto e o próprio sujeito. A consciência não existe antes da ação do sujeito. Porque a consciência é, segundo Piaget, construída pelo próprio sujeito na medida em que ele se apropria dos mecanismos íntimos de suas ações, ou, melhor dito, da coordenação de suas ações.*

O educador que respeita esse processo no educando e em qualquer sujeito acaba percebendo que, na relação ensino-aprendizagem, ele próprio passa por essas perturbações criadoras de um novo conhecimento. Sem desconsiderar a posição do educador, que detém o conhecimento dos conteúdos e uma acumulação mais consistente – porque mais sistematizada pelo acúmulo de experiência – acredita-se, então, que a articulação entre ele, o educando e os objetos de conhecimento pode ser mais eficaz para a aprendizagem.

Portanto, essa última perspectiva pedagógica e epistemológica nos remete à questão fundamental de sermos capazes (educadores e educandos) de contribuir com o conhecimento e com a transformação da realidade que encontramos com base nas ações e nas reflexões que constituem a nossa prática social.

(4.2) Aproximando-se da realidade do educando

Um dos desafios, hoje, de educadores de diferentes áreas do conhecimento é elaborar caminhos que permitam tanto aos educandos quanto aos educadores encararem o desafio de se transformarem em sujeitos ativos no processo de intercâmbio dos saberes e, consequentemente, contribuírem, de modo geral, para a construção da história de sua comunidade e da sociedade.

Uma ferramenta interessante para conduzir esse desafio é adequar o programa de estudos à realidade dos educandos. A maneira como este é construído corresponde a uma determinada forma de perceber o processo de construção do conhecimento. Para tanto, há de se levar em conta alguns aspectos importantes na relação entre educadores e educandos.

Freire (2006) aponta como pressuposto básico o fato de levarmos em conta a condição de ser humano dos sujeitos quando pensamos em educação e ensino. Para esse estudioso, diferentemente do animal que se acomoda e se ajusta ao mundo, o homem se integra ao mundo – físico, biológico e, principalmente, social –, o que significa que ele está no e com o mundo, porque a sua capacidade criadora o permite construir e reconstruir esse mundo, sua cultura, já que se encontra permanentemente diante de problemas a seres resolvidos.

Esse pressuposto leva a outro, o do diálogo, pois, se encaramos os seres humanos como sujeitos criativos capacitados a conhecer, a refletir, a agir e a transformar, isso significa que, mais do que ensinar, o educador também aprende com os educandos, pois estes também são sujeitos criativos e reflexivos, que agem e transformam a realidade na qual estão inseridos.

Esses pressupostos desencadeiam um processo de construção do ensino com base no diálogo, já que parte da premissa de que todos os sujeitos envolvidos na construção do conhecimento estão aptos a contribuir de forma sempre ativa. Além do diálogo, um programa de estudos democrático também leva em consideração dois outros elementos importantes: a) os saberes dos educandos e b) os interesses e as problemáticas com que eles estão se defrontando.

Sobre o primeiro aspecto, Freire (1979, p. 98) destaca: "Para o educador-educando, dialógico problematizador, o conteúdo programático da educação não é uma doação ou uma imposição – um conjunto de informes a ser depositado nos educandos, mas a devolução organizada, sistematizada e acrescentada ao povo, daqueles elementos que este lhe entregou de forma inestruturada".

Essa proposta está intimamente relacionada com a necessidade de estabelecer uma educação dialógica e libertadora, que leve em consideração, de um lado, os saberes do "senso comum", ou seja, dar importância para os problemas históricos que afetam a realidade das pessoas (educandos, pais, educadores) envolvidas nesse processo e, de outro, as referências historiográficas e sociológicas. O resultado disso é uma síntese entre as práticas históricas trazidas pelos educandos e os conceitos produzidos pela pesquisa social trabalhados pelos educadores, permitindo uma dinâmica diferenciada no processo mais amplo de construção de categorias que permitam compreender a realidade social (Kieling, 2002).

Sendo assim, deparamo-nos com a seguinte questão: se os educandos têm algo a dizer, possuem um conhecimento prévio, isso significa que, antes mesmo de ingressarem numa escola, eles já constroem um entendimento sobre o mundo, sobre sua realidade. Isso reafirma sua condição de sujeito, como destacado por Freire (1979), e nos coloca o desafio, como educadores, de integrar o programa de estudos a essa realidade.

Nesse sentido, os aspectos relacionados à vida dos educandos servem como base para a construção de um programa de estudos que privilegie as questões cotidianas e realmente importantes para uma formação reflexiva e crítica dos educandos. A partir disso, então, o educador de Sociologia pode realizar um trabalho que ultrapassa a docência, levando em conta a sua formação específica, a de sociólogo, investigando e pesquisando sobre os aspectos envolvidos na educação.

Sobre esse ponto, Juarez Dayrell e Juliana Batista Reis (2007, p. 124) destacam a necessidade de os educadores "desnaturalizarem" suas visões acerca dos educandos, tendo como objetivo superar preconceitos e estereótipos, "compreendendo-os como sujeitos sociais com demandas e necessidades próprias" e complementam: "Também precisam [os educadores] problematizar as relações que acontecem no cotidiano escolar, além de conhecer melhor o próprio meio social em que a escola se insere. Essa função cabe ao educador de Sociologia, que pode fazer da escola um campo de pesquisas, contribuindo para que a escola se conheça mais".

Desse modo, o educador pode permanentemente qualificar a sua prática, encarando a escola e a realidade dos educandos e demais sujeitos envolvidos nesse processo como eixos problematizadores das questões a serem trabalhadas no programa de estudos. Os autores trazem a contribuição da sociologia para essa ação, no entanto torna-se fundamental trabalhar de forma interdisciplinar e articulada com outros campos de conhecimento.

(.) Ponto final

A nossa intenção, ao escrever este capítulo, foi situar o debate sobre aspectos importantes da educação. Sendo assim, apresentamos a discussão sobre diferentes propostas metodológicas que estão vinculadas a um modelo epistemológico para problematizarmos alguns processos relacionados ao ensino e à aprendizagem.

Dessa forma, trouxemos também o debate sobre a situação do estudante nesse processo, na tentativa de ultrapassar a visão de que o educando se constitui como ser passivo dentro das ações empreendidas na construção de um programa de estudos.

Portanto, fica a expectativa de este texto auxiliar o leitor a compreender um pouco mais, com base na sistematização dessa discussão, alguns fatores condicionantes do processo de ensino-aprendizagem.

Indicação cultural

FREIRE, Paulo. *Educação como prática da liberdade*. Rio de Janeiro: Paz e Terra, 1977.

Atividades

1. Reflita sobre os modelos epistemológicos e os pedagógicos trabalhados no texto e explique qual relação pode ser estabelecida entre eles.
2. De acordo com este capítulo, quais são os pressupostos para a formação do programa de estudos?
3. O que significa, segundo o texto, as noções de professores/educadores, estudantes/educandos, estudantes/educadores e professores/educandos? Justifique a sua resposta.

(**5**)

O sistema de ensino no Brasil
analisado sob uma óptica sociológica

Neste capítulo, apresentamos uma análise sociológica sobre a constituição do sistema de ensino brasileiro, com foco específico na educação básica. Para isso, revelamos o percurso de consolidação do sistema e o impacto das lutas políticas e estratégias de classe sobre essa trajetória.

Abordamos a existência do vestibular e do Enem (Exame Nacional do Ensino Médio) como instrumentos de fora do sistema de ensino que impactam e organizam o currículo do ensino médio. A diferenciação entre a qualidade de ensino entre escolas passa a ser realizada conforme o desempenho dos educandos nessas provas. Isso condiciona uma dinâmica de concorrência que consolidou ao longo dos anos a dualização do sistema de ensino.

(5.1) Em busca de uma análise crítica do sistema de ensino no Brasil

O sistema educacional brasileiro revela características diferentes daquelas analisadas por Pierre Bourdieu e Jean-Claude Passeron (2008). Além de ter se transformado num elemento reprodutor de grupos sociais dominantes, tornou-se também perpetuador de situações de pobreza e ineficaz na promoção do desenvolvimento socialmente equilibrado e gerador de progresso econômico, social, político e tecnológico.

Alguns elementos permitem identificar no processo constituinte do sistema educacional brasileiro mecanismos de exclusão educacional de corte socioeconômico intrínseco. Esses mecanismos favorecem a inacessibilidade às posições de prestígio por parte de grupos dominados e, assim, entravam os processos coletivos de mobilidade social ascendente.

O processo até aqui percorrido pelo sistema educacional brasileiro – pouco mais de 70 anos – esteve marcado por políticas ora progressistas, ora conservadoras (seguindo a política nacional). Analisando um pouco da história desse sistema, aponta-se sua gênese na demanda político-econômica surgida nos fins do período que ficou conhecido como *República Velha*.

A escolarização para todas as camadas da sociedade surgiu como preocupação a partir dos anos de 1920 e 1930, por ação de grupos sociais com motivações políticas distintas. Por um lado, havia a expansão das bases da democracia sustentada pelas classes médias emergentes e, por outro, o estabelecimento de medidas para sustentar o processo de industrialização.

Alternadamente, essas intencionalidades regeram políticas diferenciadas de expansão das redes de ensino. Até esse período (décadas de 1920 e 1930), a educação limitava-se, basicamente, a formar as classes médias altas e as elites sociais, cuja escolarização era realizada, em geral, em instituições confessionais ou públicas, sendo que mesmo estas últimas constituíam um luxo reservado a pequenos grupos.

Essas escolas formavam os grupos dirigentes e funcionários imediatamente ligados a eles, tais como o funcionalismo público e os gerentes da nascente indústria brasileira. Os grupos populares ficavam à margem da escolarização formal, quando muito obtinham acesso via iniciativas municipais, estaduais e/ou filantrópicas, mas nunca de forma a universalizar esse serviço a toda a população.

A análise desse processo permite-nos traçar o sentido interno que ele contém e que marca a sociedade brasileira nesse período. Esse sentido é caracterizado pela AUSÊNCIA, pela DEMORA e pela INEFICÁCIA ESTRATÉGICA no que concerne tornar a escolarização básica qualificada acessível a todos os cidadãos.

Esse processo de avanço à escolarização universal esteve AUSENTE das preocupações governamentais sistemáticas até a década de 1930, período em que foi criado o Ministério da Educação e Saúde Pública para tratar do assunto. Da criação do Ministério até o cumprimento de uma primeira etapa – ao mesmo tempo gigantesca e "singela" – do processo educacional efetivo, que é a universalização do acesso ao ensino fundamental, foram percorridas seis décadas.

Isso evidencia a DEMORA em se cumprir um objetivo urgente às sociedades modernas em processo de desenvolvimento econômico e social. Podemos notar a singeleza dessa etapa pela especificação do que ela significa: trata-se apenas de expandir a todas as crianças em idade escolar a possibilidade de frequência na primeira série do ensino fundamental. Não há nesse indicador de universalização nenhuma referência à qualidade mínima do ensino nem à diminuição da evasão escolar nas séries subsequentes.

O resultado desse processo lento é que, em meados da década de 1990, quando a primeira série da escola fundamental atingiu a quase totalidade das crianças do país, chegou-se a uma conclusão alarmante: a desigualdade social não diminuiu e a qualidade da educação ofertada deixava muito a desejar. Ou seja, o processo encaminhado até aquela data estava marcado por uma INEFICÁCIA em formar cidadãos capazes de atuar autonomamente na sociedade em que vivem.

A expressão *ineficácia estratégica*, mencionada anteriormente, é utilizada porque nem todas as partes do sistema educacional são ineficazes na formação qualificada de cidadãos e/ou profissionais. Os grupos dominantes têm acesso a uma parcela do sistema educacional que alcança, em boa medida, um patamar razoável de qualidade.

A inserção nesses espaços se faz mediante oferta privada, por mensalidades caras, o que normalmente garante recursos extras, indisponíveis à rede pública de educação. Essa parte do sistema permite a reprodução das posições socioprofissionais internas, mas nem mesmo o desempenho dos egressos dela é satisfatório em comparação com avaliações internacionais.

Observando-se a dinâmica interna, a ineficácia concentra-se nas partes do sistema que atendem aos grupos que almejam ascensão social via educação, mas são barrados. No caso tratado aqui, as fragilidades do sistema público pelo qual são atendidos e formados escolarmente são as responsáveis por tal situação.

Assim, a precariedade dessas partes é funcional aos grupos que não utilizam o sistema público de educação, pois facilitam o acesso dos frequentadores das partes sistêmicas eficazes aos postos que permitam manter posições destacadas ou atingi-las.

(5.2) A não consolidação do sistema público como estratégia eficaz

O processo de universalização do acesso ao ensino fundamental consolidado na década de 1990, via sistema público de educação, teve como mérito principal a expansão quantitativa deste, o que num país continental como o Brasil é sempre um desafio gigantesco.

O crescimento de escolas e matrículas foi garantido institucionalmente, mas não foram garantidos a qualidade da estrutura física, bem como a formação consistente dos professores e o desenvolvimento das pesquisas de base para enraizamento do conhecimento escolar às condições históricas das populações que passou a atender.

Dissociado do progresso qualitativo, houve a formação de um sistema fundamental de educação pública universal sem garantias institucionais de boa qualidade da escolarização. Esta, por conseguinte, não é homogênea, o desempenho escolar é diferenciado conforme uma série de fatores sociais.

Soma-se a isso também os desafios sociais cada vez mais graves que a escola passou a atender com a expansão das suas atividades às classes desfavorecidas, carentes de maiores atenções e recursos acessíveis a outras parcelas da população.

A enorme "ferida" social brasileira – que mantém uma parcela significativa da população abaixo da linha de pobreza e um quadro de desigualdade que garante a permanência da miséria absoluta lado a lado com ilhas de riqueza – torna-se visível quando o sistema de ensino avança na direção do atendimento às parcelas da população desfavorecidas por essa situação.

Quando a fome, a miséria, a desestruturação de instituições básicas, tais como a família, "entram" na sala de aula, os desafios dos profissionais da educação são acrescidos enormemente, e a escola passa a suprir ou ser o foco de explosão dos conflitos sociais que não têm origem nela. Entre alguns fatores que impactam na vida escolar, podemos indicar: o alcoolismo dos pais; o uso de outras drogas; a violência doméstica contra mães e filhos; a violência sexual; a fome; as doenças originadas das condições inadequadas de saneamento básico, de alimentação e de higiene; a criminalidade, entre outros.

Diante de uma situação dessas, há duas saídas possíveis: ou encara-se o problema como uma questão coletiva, que deve ser superada para que a escola possa, efetivamente, contribuir na promoção do desenvolvimento socioeconômico e político, ou se aproveitam as brechas do sistema para garantir "aos seus entes próximos" as posições destacadas do sistema socioprofissional.

A segunda estratégia é a que caracteriza a solução institucional egoísta e elitista, que resguarda privilégios a grupos minoritários, mas dominantes, em detrimento da democratização de possibilidades à população como um todo. Garante-se, assim, por meio da demora e da ineficácia, a perpetuação de exemplos vivenciados e divulgados diariamente pelos meios científicos e de comunicação: desigualdade, invisibilidade, miséria, subcidadania, exploração, desemprego, violência, analfabetismo, analfabetismo funcional, falta de mão de obra qualificada, entre inúmeros outros, em oposição à opulência, ao luxo e à riqueza.

Por outro lado, experiências de pesquisas socioeducacionais, desenvolvidas por educadores em serviço, enfrentando dificuldades e resistências de pares e grupos políticos têm constituído importantes mecanismos de avaliação da situação escolar com enfrentamento qualificado daquelas resistências. Essas experiências têm contribuído decisivamente para o rompimento da lógica da reprodução simples, para desenvolver uma produção ampliada.

(5.3) O vestibular e o Enem como organizadores curriculares

A combinação de crescimento sem garantia de qualidade, somada à inserção e à consolidação de um mecanismo específico, seletivo, para o acesso às carreiras universitárias prestigiadas em formato estritamente meritocrático – o vestibular (recentemente substituído pelo Enem em muitas universidades brasileiras) – acabou abrindo um amplo espaço para o surgimento e/ou consolidação de escolas privadas especializadas em formar estudantes apenas para superar essa barreira.

Essas escolas, de origem confessional e/ou empresarial, possibilitaram aos grupos sociais dominantes e médios uma escolarização que atendia aos parâmetros de qualidade que, com raras exceções, não vieram a acontecer nas escolas públicas.

A qualidade institucional dessas escolas é avaliada pelo desempenho que os estudantes têm nos vestibulares para os cursos mais concorridos das universidades públicas (estas, em geral, de melhor qualidade do que as privadas). O problemático dessa situação é que, mesmo as escolas privadas, que aparentemente têm uma qualidade muito superior às públicas, são competentes para a formação de vestibulandos, mas deixam a formação socioprofissional para as universidades.

Os estudantes com imediata necessidade de inserção profissional ou projetos de vida diferenciados são relegados à situação constrangedora de estarem formados na educação básica, porém sem o básico para se inserirem de forma autônoma e livre no mundo do trabalho. Isso acontece pelo distanciamento do que é cobrado pelos vestibulares, nos quais as escolas de ensino médio passam a focar seus currículos, e o que é exigido em termos teóricos e práticos na vivência do trabalho. É sobre esse ponto, especificamente, que se justifica a substituição do vestibular tradicional pelo Enem, como prova de ingresso à universidade.

Somado ao processo de demora e ineficácia estratégica que dá o sentido ao movimento de expansão do sistema público de educação básica no Brasil está esse elemento diferenciador do sistema educacional brasileiro. Diante da sua consolidação, o vestibular das principais universidades públicas passa a organizar as práticas e os currículos escolares regionais, especialmente em nível médio.

Esse mecanismo de seleção universitária conduz o processo de dualização recente do sistema educacional brasileiro – diferentemente, conforme Antonio Gramsci (1979), do italiano – entre escolas generalistas e técnicas. Isso porque, no Brasil, a formação técnica é um diferencial que favorece a ascensão social de grupos pobres e carentes de oportunidades educacionais e profissionais.

No caso brasileiro contemporâneo, de um lado, tem-se o sistema público ineficiente em preparar estudantes da educação básica para serem aprovados nos cursos mais concorridos das melhores universidades públicas e de outro, as escolas privadas – muitas vezes parceiras de cursinhos pré-vestibulares – competentes em formar vestibulandos, não necessariamente cidadãos.

Sobre os cursinhos pré-vestibulares, é importante destacar que esses se constituem numa verdadeira excrescência no sistema educacional. Eles cumprem uma função de compensação da escola básica e qualificação para a realização de uma prova que definirá a vida profissional daqueles que a enfrentarem: positivamente para os que são aprovados e negativamente aos reprovados.

Em pesquisa de mestrado realizada com estudantes universitários, num grupo de cursos muito concorridos da Universidade Federal do Rio Grande do Sul (UFRGS), chegou-se à incrível marca de 94% deles declararem terem frequentado algum tipo de cursinho pré-vestibular, mesmo tendo estudado em algumas das melhores escolas privadas da capital gaúcha (87% declararam ter estudado exclusiva ou parcialmente em escolas privadas), conforme Kieling (2008). Esse grupo tende a ocupar as posições sociais de destaque, herdadas com base em tradições familiares e relações estabelecidas ao longo de um processo de socialização, isolado dos problemas enfrentados por grupos sociais populares.

(5.4) A fuga das escolas públicas de educação básica

Uma consequência problemática desse processo é que a classe média, que até o início da década de 1980 orgulhava-se em manter seus filhos nas boas escolas públicas, a partir desse momento, quando se estendia o acesso à educação pública para parcelas que até então estavam fora das escolas, migrou para as escolas privadas, até então exclusivas para os grupos ricos, dominantes ou abastados.

Esse processo intensifica-se na década de 1990 e atinge seu ápice nos dias atuais, quando inclusive frações das classes C e D concentram investimentos na escola privada, mas de qualidade duvidosa em relação àquelas disponíveis às classes A e B.

Ao atribuírem à escola pública a incapacidade de garantir uma boa formação ou perceberem que seus filhos não teriam diferencial algum em relação ao público formado pela escola pública, as classes A e B investiram na formação privada, acessível no máximo a esses grupos. Garantem-se, dessa forma, o acesso a uma educação de relativa qualidade e o contato próximo com os grupos sociais dominantes. Além disso, distensiona-se, nesses grupos, a preocupação por uma educação pública de qualidade.

Nessas escolas, formam-se bons vestibulandos que constroem desde então, além da reprodução cultural legitimada, uma trama de relacionamentos também específica, caracterizada pelo fechamento às pessoas de grupos sociais inferiores. Isso consolida uma ruptura entre os grupos sociais que ocupam espaços muito próximos, por vezes separados apenas por uma rua ou avenida.

Esse processo de migração às escolas privadas, que está calcado na prática pelos motivos acima expostos, é fundamentado, idealmente, na ideologia do "privado melhor que o público", típica da campanha neoliberal emergente no Brasil, a partir dos anos 1980, e aprofundada nos anos de 1990. Essa ideologia, somada aos novos desafios da escola pública, que passa a atender parcelas da população até então mantidas fora dessa instituição, provoca uma percepção de queda da qualidade e de desvio de funções.

A escola deixa de ser formadora para ser um lócus de absorção de problemas sociais. Considera-se saudável que essas questões entrem na escola e passem a ter nos profissionais que lá trabalham possibilidades de soluções ou, ao menos, encaminhamento para outras instituições sociais capazes de solucioná-las (entidades de assistência social, de saúde e até mesmo de segurança pública).

A mediação que a escola tende a operar é absolutamente saudável, já que carências, necessidades e questões que existiam nas vilas e favelas, mas até então não chegavam às instituições que deveriam solucioná-las, agora passam a fazer parte da agenda sociopolítica das três esferas de governo (municipal, estadual e federal).

Os problemas decorrentes desse movimento estão relacionados ao descompasso, desvirtuamento e despreparo das instituições que deveriam atender tais casos e sua capacidade operacional em fazê-lo no curto prazo. Mas, a médio e longo prazo, as reivindicações surgidas desse fenômeno tendem a mobilizar novas formas de ação popular que possibilitem a constituição e a consolidação de instituições efetivamente democráticas e capazes de realizar as tarefas de consolidação de uma cidadania efetiva no país.

(5.5) A trincheira da escola privada e a dualidade da educação brasileira

As escolas privadas que se consolidaram como bons espaços formativos têm como principal bandeira de atração ao público que pode pagar pelos seus serviços a aprovação nos vestibulares das principais universidades públicas do país. Esse é ponto de convergência das ações entre as escolas privadas, especialmente no ensino médio. Sem grande alarde, essa categoria de escolas oferece também uma trincheira protetora aos problemas já mencionados que emergem na sociedade e que se refletem nas escolas que atendem aos grupos populares.

"O diferencial da qualidade", bandeira de vários sindicatos de professores e escolas privadas, é propagado como motivo principal para a matrícula dos filhos de grupos médios e abastados nessas escolas, já que os riscos de uma formação de qualidade duvidosa nas escolas públicas seriam muito grandes. Se por um longo período histórico a iniciativa privada ou religiosa exerceu uma importante função de escolarização de grupos médios, consistindo, a única maneira desse público formar seus filhos, nos dias atuais, a situação apresenta-se de forma bastante distinta.

A formação de um robusto sistema público de educação, que atinge quase a totalidade da população, coloca em xeque os benefícios obtidos por essas escolas privadas, especialmente aqueles referentes aos benefícios da filantropia, investimentos públicos e incentivos fiscais. Num momento histórico importante para a educação brasileira, quando se discute um Plano de Desenvolvimento da Educação, que atenda às principais demandas do setor, deve-se assumir a responsabilidade e a oportunidade de formação e consolidação de um sistema básico de escolarização pública que recoloque nessas salas de aulas os grupos sociais médios.

Esperamos que esses grupos, que hoje se encontram nas trincheiras da escola privada e que usufruem as benesses desta, possam vir a ocupar as posições de defensores da escola pública *na prática*, contribuindo para a real democratização social da escola no Brasil, como já foi feito em outros momentos da história brasileira, especialmente na Campanha em Defesa da Escola Pública, da década de 1960[a].

A expansão do sistema público de educação no Brasil se constituiu sobre o espaço que anteriormente era ocupado por uma fração também pública de escolas, mas que se concentravam no centro das grandes e médias cidades e, especialmente, uma fração confessional e privada de escolas.

Hoje, essa marca define a dualidade do sistema educacional brasileiro: de um lado, escolas que atendem aos mais diversos grupos populares e médios, majoritariamente públicas. De outro, um pequeno grupo de escolas, em geral privadas, que acolhe os filhos das classes média e alta. A qualidade desses dois grupos de escolas – à revelia dos esforços dos professores públicos – em geral gratifica os egressos do ensino privado.

(.) Ponto final

Neste capítulo, analisou-se, com base em referências sociológicas, a constituição do sistema de ensino brasileiro. Mostrou-se o percurso de consolidação do sistema e as marcas presentes durante a sua constituição: a ausência, a demora e a ineficácia estratégica. Revelou-se que as desigualdades que impactam a dinâmica social como um todo se reconfiguram dentro do sistema de ensino.

Os grupos populares são incluídos maciçamente em escolas que não têm garantias de qualidade, enquanto as classes ricas e dominantes encaminham seus filhos para algumas escolas privadas que respondem aos critérios estabelecidos de avaliação.

Indicação cultural

BOMENY, Helena. *Darcy Ribeiro*: sociologia de um indisciplinado. Belo Horizonte: Ed. da UFMG, 2000.

---

a. Atualmente, a expressão pública dessa reivindicação é resumida pelo Senador Cristovam Buarque, quando pede que "o filho do patrão estude na mesma escola do filho do empregado".

Atividades

1. Discuta os impactos do vestibular/Enem sobre a estruturação de um sistema de concorrência entre as escolas básicas.
2. Comente as marcas identificadas pelo autor que caracterizam o sistema educacional brasileiro (ausência, demora e ineficácia estratégica).
3. Por que o autor utiliza a expressão *trincheira da escola privada*?

(6)

A escola entre práticas e intenções:
o currículo como articulador
de projetos e planejamentos

Francisco dos Santos Kieling

N**este capítulo,** são apresentados aportes teóricos sobre o currículo escolar. Essas contribuições servem para pensar os desafios que estão em jogo numa proposta enraizadora da escola nas comunidades em que atua e para a expansão do ensino médio de forma qualificada, rumo à universalização do acesso.

Num segundo momento, expõe-se a repercussão do diálogo com a comunidade como meio de promoção de alternativas democráticas e emancipatórias à gestão escolar, ao planejamento escolar e à produção de um currículo que dê conta das demandas de ensino qualificado e de resolução de problemáticas específicas vividas na localidade. Por fim, apresenta-se a proposta de sistematização curricular como uma carta de compromisso com a comunidade, articulando os projetos e o planejamento escolar.

(6.1) Elementos teóricos para as análises curriculares

De acordo com Tomaz Tadeu da Silva (1999), as teorias sobre o currículo escolar podem ser subdivididas em três grandes grupos: teorias tradicionais, críticas e pós-modernas. Cada uma delas enfatiza um aspecto que atravessa a realidade escolar e os impactos desses fenômenos sobre a escola e sobre a realidade social.

O primeiro grupo de teorias é aquele que se repete de forma recorrente nas práticas escolares: são as teorias tradicionais. Os temas centrais das teorias tradicionais sobre currículo são o ensino e a aprendizagem, tratados separadamente: a avaliação, a metodologia, a didática, a organização, o planejamento, a eficiência e os objetivos de ensino.

Podemos perceber que as teorias tradicionais sobre currículo subsidiam os professores com ferramentas úteis para o trabalho o escolar. A reflexão sobre os aspectos que permeiam a prática docente contribui para o aperfeiçoamento dos aspectos pedagógicos que impactam no processo de ensino-aprendizagem.

Essas teorias tradicionais, todavia, limitavam a análise dos aspectos que impactam os processos de ensino-aprendizagem na capacitação docente e na organização e no planejamento escolares. Tais aspectos são fundamentais e não se desprezam, aqui, nenhum deles.

No entanto, pesquisadores como Michael Apple (2006) e Henry Giroux (1987), amparados por teorias críticas, apontaram outros elementos que impactam de forma persistente nos resultados escolares. A análise da escola inserida num contexto sócio-histórico revelou que fatores sociais, tais como desigualdade econômica e cultural, dominação, relações de poder e ideologia, atravessam os processos de ensino-aprendizagem. Incluída nas teorias críticas do currículo está uma crítica à estruturação da sociedade.

O terceiro grupo de teorias foi chamado por Silva (1999) de *teorias pós-críticas*. As análises pós-críticas apontam para uma ampliação das análises críticas. Conforme esse grupo, a crítica social amparada por elementos político-econômicos é importante por: a) desvelar uma série de arbitrariedades cometidas dentro da escola e b) identificar mecanismos de seleção escolar de viés classista.

No entanto, afirmam os pós-críticos, as teorias críticas não podem servir para esconder outros tipos de dominação e relações assimétricas dentro da sociedade. Aspectos ligados à identidade, à diferença, à subjetividade, ao gênero, à raça, à etnia, à sexualidade, à representação, à significação e ao discurso ganham predominância para além dos aspectos político-econômicos.

Podemos perceber a variedade e a complexidade temáticas das teorias em debate sobre o currículo escolar. Uma atitude que o futuro professor pode adotar é buscar filiação a uma delas e pautar a sua ação docente com base nela. No entanto, numa escola com professores qualificados, dificilmente haverá uma única corrente teórica predominante. Por isso, parece-nos que o melhor exercício a se concretizar nas escolas é o diálogo sobre o currículo: a) que contribua para qualificar as ferramentas do trabalho docente, abordadas pelas teorias tradicionais, b) que auxilie a análise das condições socioeconômicas dos educandos daquela escola e c) que permita a identificação das características socioculturais que atravessam a vida de jovens e crianças que se encontram na escola.

Por isso, os professores que atuam na educação básica precisam pensar a escola e o seu entorno. Isoladamente, a escola é uma instituição social que atende a um número específico de estudantes durante um período limitado de tempo, com o objetivo de escolarizá-los. Esse processo pode ser definido como o de apropriação e construção de conhecimentos socialmente legitimados, julgados necessários para a compreensão do mundo que nos cerca. Constituem esses saberes necessários alguns elementos de lógica formal, padrões de linguagem, conhecimentos científicos básicos (currículo formal) e normas de comportamento (currículo oculto).

A complexidade dos processos de escolarização situa a escola numa complicada trama de interesses e disputas sociais. Negar a existência desses interesses e forças não contribui em nada, pois eles continuarão existindo. Assumir a concretude dessas relações de força permite aos professores se posicionar e agir de acordo com os interesses coletivamente compartilhados.

Tendo em perspectiva que a grande maioria dos alunos do ensino médio no Brasil estuda em escolas públicas, constitucionalmente comprometidas com a consolidação da democracia, com a justiça social, com a pluralidade cultural e com a garantia dos direitos de cidadania, é sobre a possibilidade de efetivação desses ideais que balizamos alguns elementos presentes na escola e ao qual a comunidade escolar precisa estar atenta.

(6.2) Desafios do ensino médio

O ensino médio, mais do que qualquer etapa de escolarização, tem como marca a transitoriedade. Ele se inicia no fim de uma etapa escolar obrigatória e, ao ser concluído, leva a uma etapa educacional de qualidade diferenciada – seja no mercado de trabalho ou no ensino superior. Esse nível leva do ensino fundamental ao ensino superior, ao mercado de trabalho ou a uma etapa de formação complementar – tal como curso técnico, formação para o trabalho etc.

Isso dificulta a constituição de uma identidade para esse nível de ensino. A alfabetização e a formação inicial ficam a cargo do ensino fundamental. A especialização fica para o ensino superior. Pretende-se que o ensino médio reforce conhecimentos do ensino fundamental, dando-lhes operacionalidade lógico-formal. Por isso, há o aprofundamento de conhecimentos científicos tanto na área das linguagens como das ciências humanas, exatas e naturais.

Além dos conhecimentos científicos que possibilitem uma base sólida para o ingresso no ensino superior, pretende-se que a escola de ensino médio contribua de forma decisiva na formação para o mercado de trabalho. Dessa forma, percebe-se que esse nível de ensino tem grande responsabilidade na consolidação da formação básica dos sujeitos.

O desafio, nesse caso, é o de contribuir para a constituição de cidadãos autônomos, emancipados e situados perante o mundo que precisarão enfrentar, com capacidades para escolher os caminhos a serem trilhados. A proposta de atribuir uma identidade ao ensino médio, que tenha por princípio a educação básica geral e a preparação para o trabalho, pode ter maior potencial de efetivação quando ligada a um terceiro ponto, que é o enraizamento nas comunidades e no "mundo" do público com o qual a escola trabalha.

Nesse ponto, é importante o educador de Sociologia se situar, tal como preconizam Dayrell e Reis (2007, p. 124), como o sociólogo da escola. O envolvimento do grupo de docentes num projeto de reconhecimento das temáticas significativas à comunidade escolar é fundamental para reformas curriculares democratizadoras. Esse projeto pode ter seu embrião em pesquisas realizadas pelo cientista social com o grupo de educandos com o qual trabalha. Este nos parece ser um modo razoável para aproximar as aspirações institucionais das expectativas dos jovens que estão no ensino médio.

Dessa forma, atende-se a um dos requisitos para a formação de pessoas críticas, ativas e solidárias – cidadãos –, que é a atenção aos conteúdos culturais que são sistematicamente silenciados nos currículos escolares ao longo dos tempos e que são significativos à vida dos educandos e das comunidades com que a escola trabalha (Santomé, 1995, p. 160).

(6.3) Desafio histórico: universalizar o ensino de qualidade

Faz parte de todo sistema de ensino institucionalizado a adequação dos conteúdos a determinado arbitrário cultural, o qual contempla o modo de conhecimento dominante em determinada época histórica, tanto no que diz respeito aos conteúdos quanto à forma de traduzi-los aos estudantes.

Esse arbitrário cultural é constituído historicamente. Sendo assim, ele é foco de debates e conflitos não apenas científicos, mas também políticos. Portanto, deve estar em contínuo debate do qual educadores, educandos e comunidade escolar não podem ficar de fora.

A discussão sobre democratização do ensino, que se realiza concomitantemente às diversas áreas de conhecimento que abarca a pedagogia, tem como base a possibilidade do saber escolar atingir a vida dos mais diversos públicos de uma sociedade e repercutir positivamente nela.

O ensino fundamental concluiu recentemente um importante passo para a democratização da escola no Brasil: a universalização do acesso. Nos dias atuais, está em discussão a qualificação do ensino. Trata-se de um debate importante para garantir níveis adequados de permanência e promoção ao longo desse nível de ensino e aos níveis superiores.

Estamos, assim, diante de um processo de diálogo sobre a qualidade da escola que é oferecida aos grupos populares no país. É entendida sob dupla perspectiva: a) acessível a todos os educandos e ministrados por educadores capacitados, independentemente do conteúdo trabalhado, e b) o conteúdo em si, o arbitrário cultural, o tipo de conteúdo selecionado para cada tipo de nível escolar.

Está em discussão qual qualidade de ensino estamos oferecendo às crianças e aos jovens e de qual qualidade precisamos. A democratização do ensino médio passa por essas duas discussões: a) universalizar o acesso e garantir a permanência nesse nível de ensino e b) qualificar o conteúdo e a forma como se dão as relações de ensino-aprendizagem. Essa é, portanto, uma discussão curricular.

A universalização desse nível de ensino faz parte de uma disputa política necessária de ser realizada, para que todos tenham acesso à educação básica. A implantação do Fundo de Manutenção e Desenvolvimento da Educação Básica e de Valorização dos Profissionais da Educação (Fundeb), em substituição ao Fundo de Manutenção e Desenvolvimento do Ensino Fundamental e de Valorização do Magistério (Fundef), já indica um processo de curto e médio prazo de expansão significativa desse nível de ensino, inclusive com a obrigatoriedade de frequência, tal como ocorre no ensino fundamental hoje.

A permanência do educando no ensino médio e a qualificação dos conteúdos e das formas como se dão as relações de ensino-aprendizagem fazem parte dos desafios diários dos educadores individualmente, em sala de aula, e coletivamente, na escola. Sobre esses desafios é que a pesquisa do entorno da escola impacta na ação docente. Se inicialmente essa investigação pode ser realizada pelo cientista social, posteriormente ela precisa ser apropriada pelo conjunto dos educadores e pela comunidade escolar como um todo.

(6.4) Repercussão do diálogo com a comunidade no planejamento escolar

Um dos impactos de a escola apropriar-se da comunidade é a possibilidade do planejamento escolar levar em conta demandas e conteúdos daquele entorno. Ao fazer isso, a escola se enraíza na comunidade, deixando de ser um objeto estranho a ela. O caminho imediatamente posterior, seguindo o movimento dialético, é a apropriação da escola pela comunidade.

Dessa relação dialética entre escola e comunidade (se efetivamente democrática, franca e horizontal), na qual cada parte contribui, dentro das suas especificidades, para a efetivação de uma totalidade diferenciada, a intenção é que se repercuta positivamente sobre as relações de ensino-aprendizagem desenvolvidas em sala de aula e no ambiente escolar.

A intencionalidade da ação pedagógica, expressa pelo projeto político-pedagógico que contém o planejamento da escola, deixa de ser produto exclusivo dos educadores, das direções e dos formuladores de políticas educacionais e passa a ser apropriada e acompanhada pela comunidade.

Por meio do diálogo entre a comunidade e a escola, põe-se em movimento um processo de discussão sobre a estrutura, a organização e a função da escola. Se esse diálogo for horizontal e tiver como pressuposto a efetiva disposição de mudança das práticas escolares, ele será base para uma transformação da escola como um todo.

Ao incluir a comunidade nesse processo, a escola promove um exercício de planejamento participativo que aprofunda continuamente as relações entre comunidades escolares e instituição, garantindo a diversificação necessária e possível das escolas em relação à pluralidade de comunidades existentes (Gandin, 1986; Gandin; Gandin, 2001).

O planejamento envolve, conforme Dayrell (1996), os aspectos privilegiados pelas teorias tradicionais do currículo. Pensado de forma coletiva, ele abre as portas do currículo escolar para os temas abordados pelas teorias críticas e pós-críticas, potencializando a abordagem pedagógica, qualificando a ação institucional e transformando a escola num espaço sociocultural.

A elaboração, a execução e a avaliação do planejamento, quando coletivamente construídas e embasadas em consensos partilhados com a comunidade escolar, geram o comprometimento de todos com o processo de ensino-aprendizagem, queixa comum de professores que, muitas vezes, se sentem isolados na tarefa educativa.

(6.5) Passos do planejamento: emancipação se constrói sem voz?

Antes de definir os passos do planejamento, é importante justificar o porquê de se planejar. Conforme Danilo Gandin (1986), planeja-se a vida escolar para que se realize um trabalho educacional eficiente, eficaz e pedagógico. O trabalho educacional eficiente é aquele em que se faz bem feito aquilo que é proposto. O trabalho eficaz é aquele que é importante ser feito, ou seja, que tem relevância. Assim, o trabalho educacional planejado é pedagógico, já que as pessoas incluídas nesse processo de planejamento aprendem a participar e a se posicionar perante as questões expostas durante o planejamento, de ordem técnica ou político-pedagógica.

Um planejamento estruturado é, ainda segundo o teórico, uma baliza para a contínua reflexão sobre a ação. Com base no planejamento, tem-se claro o que se pretende alcançar, a distância que se está dessa meta e o que será feito para atingir o que se quer.

O que se quer alcançar exige uma dupla resposta por parte dos planejadores, que, no caso da escola, são os educadores e a comunidade escolar. As respostas que precisam ser produzidas envolvem o âmbito pedagógico e político. Saber a que distância se está exige um diagnóstico da realidade enfrentada. Esse diagnóstico abrange a descrição da realidade e o julgamento dessa descrição, que está ligado às respostas política e pedagógica produzidas anteriormente. A proposta do que fazer para cumprir as metas da escola constitui a programação – os objetivos e a política de ação – que estabelece a direção a ser tomada por todas as partes envolvidas.

Todas as etapas do planejamento são interligadas entre si. O sucesso de uma impacta no sucesso das demais. As definições das referências políticas e pedagógicas terão consequências na produção do diagnóstico que, por sua vez, refletirá na programação, nos planos e nos projetos definidos pelo planejamento.

Esse processo é contínuo, não se esgotando na execução de um planejamento. Após a execução dos planos e dos projetos que subsidiam o planejamento, deve ser realizada a avaliação dos resultados, sendo que esta última encaminha correções de rumos ou aprofundamento, criando um movimento de constante qualificação da escola e de envolvimento da comunidade.

(6.6) Sistematização do currículo: carta de compromisso com a comunidade escolar

A construção curricular de uma instituição de ensino é limitada por uma série de condicionantes legais. Existem normatizações da educação básica fragmentadas entre esferas federal, estadual e municipal de ensino. Entre elas, encontram-se princípios de qualidade de ensino: igualdade e equidade, democracia, justiça social, autonomização dos educandos, emancipação, desenvolvimento humano e social.

Levando em conta essa série de princípios, a escola organiza e sistematiza o seu projeto político-pedagógico e o seu currículo escolar mediante um planejamento com graus de complexidade diferenciados e prazos de execução definidos.

O projeto político-pedagógico expõe, entre outras coisas, os princípios norteadores da ação educativa que a escola pretende implantar nos níveis diferenciados de ensino e nas séries ou ciclos. Esses princípios, em geral, são aqueles que aparecem nas normas gerais da educação nacional e foram citados no início desta seção.

Essas são orientações políticas. Respondem a perguntas como: "O que queremos da ação educativa dessa escola?". As respostas que constroem esses princípios são as orientadoras do currículo escolar. Defendendo-se uma escola engajada na promoção da cidadania e da democracia, como conceber a definição do próprio currículo como produto de uma pequena minoria diretiva? Não é viável. Pretendendo-se uma escola inclusiva, respeitadora das diferenças e das particularidades sociais dos educandos, como imaginar um currículo construído com base nos manuais produzidos a quilômetros de distância daquela comunidade? Também não dá para aceitar.

Portanto, o desafio de sistematizar os objetivos de qualidade da escola básica, com princípios humanistas, democráticos e emancipatórios, deve ser pensado como política escolar e assumido como tal, de modo a produzir consequências práticas nos diversos níveis da escola, sob pena de esta continuar não pensada, imersa num processo de desenvolvimento excludente, sem contribuir para romper com práticas de dominação e alienação da população vulnerável das comunidades escolares atendidas pelas instituições públicas espalhadas pelo país.

(.) Ponto final

Apresentou-se neste capítulo uma análise sobre os aportes teóricos que contribuem para a clarificação de temas e conflitos que são constituintes dos currículos escolares. Os desafios apresentados por essas análises tencionam a produção dos currículos, dos projetos e dos planejamentos das escolas.

Como proposta de produção do planejamento e do currículo qualificados, busca-se a aproximação com a comunidade como alternativa de enraizamento da escola no entorno escolar de modo a garantir a prática democrática e uma relação de compromisso da comunidade com a escola, e desta com a comunidade.

Indicação cultural

GANDIN, Danilo. *Planejamento como prática educativa*. 3. ed. São Paulo: Loyola, 1986.

Atividades

1. Cite os temas centrais de cada uma das três perspectivas abordadas no texto sobre currículos.
2. Comente a importância de a escola trabalhar com temas que emergem na comunidade de seu entorno.
3. Comente a afirmação que diz ser o tripé identitário do ensino médio: a formação básica geral, a preparação para o mundo do trabalho e o enraizamento nas comunidades em que trabalha.

(7)

Construindo novos parâmetros de avaliação

Francisco dos Santos Kieling

A avaliação escolar provoca uma série de confusões que não são inerentes à prática educativa escolar. É sobre esse aspecto que repousam alguns dos mais acirrados debates sobre a função da escola básica e as possibilidades de transformação dos níveis de ensino que a compreendem. Neste capítulo, abordamos o tema, opondo primeiramente dois tipos concorrentes de avaliação. Em seguida, mostramos a relação que sistemas distintos de avaliação têm com a produção dentro da escola com interferências perversas advindas de fora dela. Enfim, propomos a adoção de parâmetros construtivistas e mediadores, para a avaliação dos educandos, e democráticos, para a autoavaliação e para a avaliação docente.

(7.1) Entre avaliações

Existe um senso comum na área educacional que liga avaliação tradicional, classificatória, com garantia de qualidade de ensino. Esse tipo de avaliação se realiza por meio de provas periódicas nas quais se verifica o volume de saberes acumulados pelos alunos durante um determinado período. Após esse produto final, a prova, o professor tem como classificar todos os alunos em relação a uma linha imaginária estabelecida pela escola ou pelo sistema de ensino. Normalmente, essa linha constitui um número entre 0 e 10.

A aula pressuposta por esse tipo de avaliação é do tipo expositiva e não dialogada, ou seja, o professor fala, "passa" a matéria, e o aluno ouve e copia o conteúdo. Em casa, o aluno faz as atividades de revisão e fixação do conteúdo, preparando-se para a prova, na qual ele deverá reproduzir o que foi aprendido.

No entanto, como o senso comum é dinâmico, tem crescido os adeptos de uma nova perspectiva de avaliação. Esta se constitui durante o período de convívio entre educandos e educadores, em que há um diálogo constante entre ambos os lados, provocado pelo educador, no qual se faz a avaliação dos processos de ensino-aprendizagem.

O educador, por essa perspectiva, avalia as respostas dadas pelos educandos. Ele apreende os erros como hipóteses desenvolvidas pelos indivíduos às problemáticas propostas e construídas em sala de aula (Hoffman, 1993). A reconstrução que o educador faz do caminho que o educando traça até a formulação da hipótese permite averiguar o ponto equivocado que leva ao erro. Mais do que isso, permite ao educador compreender o modo de pensar e as características peculiares da cultura local, que devem ser valorizadas.

A abordagem do processo de construção do conhecimento permite ao educador agir sobre as fragilidades de cada educando. Não significa que trabalhará individualmente com cada um sempre, mas que o educador deverá reforçar os pontos críticos com a turma, reformulando as problemáticas de modo a cercar os pontos frágeis. Em conjunto a esse trabalho, aprende sobre as particularidades culturais do local de origem dos educandos.

Para essa prática avaliativa, exige-se do educador uma ótima formação na sua área de trabalho específica, no nosso caso, a sociologia. Mas, além da competente formação sociológica, faz-se necessária também uma competente formação pedagógica. Esta permitirá trabalhar as mesmas problemáticas sociológicas (temas, conceitos e teorias) com base em diferentes perspectivas e estratégias didáticas, de modo a explicitar as inúmeras variáveis que compõem a construção de um determinado conhecimento.

Além disso, exige um comprometimento do educador com o conjunto de educandos com o qual trabalha. Isso significa dizer que o compromisso deixa de ser efetivado com base numa linha arbitrária e passa a ser, com o processo de construção de conhecimento, realizado coletivamente em sala de aula e, individualmente, por cada educando. Para que esse processo tenha sucesso e a avaliação sirva para corrigir caminhos do processo de ensino-aprendizagem, é fundamental ao educador conhecer o contexto de vida em que se insere o educando.

A avaliação tradicional não é ruim porque ela deixa de averiguar a construção dos conhecimentos por parte dos educandos. Ela é negativa, porque faz isso apenas dentro de um contexto sociocultural vivenciado por um tipo de estudante oriundo de um grupo social privilegiado. O estudante bem-sucedido nos rituais da avaliação tradicional tem a sua cultura refletida na escola, o que não acontece com a maioria daqueles que se encontram nas escolas públicas brasileiras.

De acordo com Becker (2001), quando esse tipo de avaliação encontra educandos com experiências culturais distintas daquela que embasa a prática escolar, a escola produz a seleção entre aptos e inaptos ao conhecimento e a classificação interna aos dois grupos. No entanto, as pesquisas psicogenéticas negam de forma veemente a ideia de uma criança saudável ser incapaz de aprender.

Como conceber que uma criança de sete anos seja incompetente para aprender? Que tipo de ação social essa escola oferece ao afirmar que uma criança não tem capacidade cognitiva? Diante dessas questões, constrói-se o desafio de aproximar o conteúdo da escola ao que ocorre na vida desses grupos, de diagnosticar quais tipos de ação educativa geram resultados positivos de aprendizagem.

Num contexto em que a pluralidade dos grupos sociais do país ingressa na escola básica, a avaliação que despreza a variedade dos conteúdos culturais existentes – produtores de hipóteses e de modos de ver e pensar o mundo diferenciados – contribui para excluir os grupos socioculturais que não têm sua cultura reconhecida pela escola.

Portanto, refazer os passos do educando e com o educando até a construção de uma resposta considerada equivocada pela óptica do saber científico é a única forma de reconstruir o conhecimento com o aluno, de forma a produzir o entendimento adequado sobre determinado fenômeno.

Em vez de deixá-lo na insegurança de uma nota 7,5, com uma variedade de "certos" e "errados" riscados em vermelho, como se essa simples indicação revelasse o caminho correto até a construção do saber desejado, a avaliação processual refaz continuamente o percurso até a construção do saber. Desse modo, ela deixa de ser mecanismo de exclusão e passa a ser mecanismo de controle do processo de ensino-aprendizagem.

Por isso, ao contrário do que muitos críticos dos sistemas que utilizam a avaliação processual ou mediadora apontam, ao invés de inexistir avaliação, é fundamental, nesse processo, que ela se faça presente em todos os momentos do processo de ensino-aprendizagem, conforme aponta Ana Maria Saul (2008, p. 62-63). Essa prática se fundamenta na crítica ao resultado obtido pela avaliação tradicional. Ela apenas consegue referendar um tipo de processo de ensino-aprendizagem, que serve a 20% ou 30% dos educandos que estão nas escolas básicas.

Não é por populismo que Freire mencionava que educar exige o contínuo aprendizado por parte do educador. O processo de verificação das hipóteses formuladas pelos educandos e a reconstrução permanente das problemáticas e dos caminhos por parte dos educadores em busca da correta construção do saber é um contínuo esforço de aprendizado que o educador percorre com os educandos. Esse conhecimento retorna para a sala de aula permanentemente.

A contínua avaliação da prática resulta num contínuo reconstruir de respostas por parte dos educadores de modo a contribuir de forma efetiva com o processo individual de produção do conhecimento dos educandos.

(7.2) Entre concorrência e cooperação

Os estudos sociológicos, como os de Bourdieu e Passeron (2008) e os de Menga Lüdke (1995), mostram o sistema de avaliação e classificação escolar como mecanismo de reprodução de desigualdades sociais. Apontam uma correspondência entre um sistema social seletivo e o sistema de ensino. A concorrência que marca o sistema capitalista como um todo tem um sistema correspondente na escola.

Muitos dos defensores do sistema tradicional de avaliação apontam essa correspondência como positiva. A concorrência e a seletividade presentes na escola prepararão o jovem educando ao que ele enfrentaria na sua vida adulta. O problema dessa perspectiva é que a seletividade se impõe desde o início do ensino fundamental.

Uma criança é julgada por sua capacidade de responder a questões abstratas e desconectadas da sua vida desde os sete anos de idade e com um agravante: não são garantidas as condições técnicas de operacionalização e sistematização dessas respostas. Incluindo a escola como instituição-chave para transformar a realidade social como um todo, pergunta-se: É compatível com uma sociedade desenvolvida econômica e socialmente a seleção de crianças e sua segmentação em grupos de competentes e incompetentes desde os seis ou sete anos de idade? Não seria essa a instituição – responsável pela mediação entre conhecimentos científicos e teóricos e a realidade concreta de crianças e jovens – a mais capacitada para oferecer alternativas e perspectivas diferenciadas de vida às novas gerações? A melhor preparação para um mundo perverso, marcado por desigualdades e injustiças, não se faz por meio da produção de alternativas sustentáveis de produção e de relações sociais marcadas pela cooperação e pela solidariedade?

Os sistemas instituídos de avaliação do desempenho escolar mostram-se insuficientes na produção de uma escola mais eficiente na promoção de um ensino de qualidade. Descolados do planejamento institucional, da qualificação profissional e do envolvimento da comunidade no processo educativo, a avaliação apenas corrobora injustiças externas à escola.

Como tantos teóricos críticos da educação já afirmaram, podemos destacar que a produção de uma sociedade justa, democrática, constituída por sujeitos autônomos e solidários não depende exclusivamente da escola, mas não se faz sem ela.

(7.3) A avaliação começa pelo diagnóstico do senso comum do educando

Após os parâmetros de avaliação apresentados ao longo deste capítulo e tendo clara a importância da produção coletiva do currículo escolar, situamos com maior clareza o motivo que torna fundamental a prática pedagógica voltada à realidade do educando, para, depois dela, encaminhar o processo de produção do conhecimento científico.

Esse conhecimento prévio que o educando traz à escola é a teoria por meio da qual ele percebe e interpreta o mundo à sua volta. Por meio dessa teoria comum ao seu grupo sociocultural de origem é que o sujeito compreende o mundo ao seu redor e se comunica com os outros sujeitos e grupos sociais.

É da compreensão da forma e do conteúdo desse conhecimento prévio, o que exige uma pesquisa muito bem feita por parte do educador, que este pode exercer a sua ação educativa intencionada e problematizadora do mundo que os cerca. Contribui, assim, com o processo formativo do educando e situa o educador como pesquisador (Becker; Marques, 2007).

O processo de ensino-aprendizagem que parte da teoria formalizada é um processo de comunicação daquilo que já foi construído por outros. A concepção pedagógica capaz de produzir autonomia e emancipação dos sujeitos-educandos é aquela que trata o conhecimento como produto construído, social e individualmente, através de um processo de significação e ressignificação de problemáticas vivenciadas pelos sujeitos sociais.

Oferecer respostas prontas a perguntas que os estudantes não fizeram não produz conhecimento e autonomia de pensamento, mas, sim, comodismo e conformidade com o saber legitimado que está em posse do professor. Quando a prática pedagógica parte da exposição do saber legitimado academicamente, gera tanto mais ansiedade quanto maior for a distância que o saber do educando estiver daquele exigido pela escola.

Já quando a prática pedagógica parte da problematização da cultura vivenciada pelo educando, o caminho de construção do saber em direção ao conhecimento legitimado fica mais fácil para o educando, além de empoderá-lo. Isso ocorre porque ele percebe no educador uma cumplicidade deste com o seu processo de construção de conhecimentos e valorização da cultura do seu grupo social, bem como de respeito a ela.

O trabalho de avaliação do processo de ensino-aprendizagem será, nesse caso, o acompanhamento do progresso que o educando faz entre aquilo que ele tinha como prenoções em relação a um determinado tema e a elaboração posterior ao trabalho educativo que desenvolve sobre o mesmo tema.

Por isso, a avaliação construtivista, ou mediadora, não estabelece linhas arbitrárias nas quais todos os educandos devem ser posicionados pelo educador. Se o processo de construção do conhecimento é individual, é dessa forma que deve ser trabalhada a questão da avaliação, seja por meio de portfólios, seja por meio de outros meios disponíveis de acompanhamento dos educandos (Carvalho; Porto, 2005). A linha de onde se parte e de onde se chega é individual. Ao educador do ano seguinte o docente do ano anterior deixa um parecer, no qual apresenta o diagnóstico por meio do qual o trabalho educativo deve prosseguir.

(7.4) A avaliação mediadora na sociologia

As propostas que têm sido construídas por muitos professores como alternativas à avaliação tradicional têm como pressuposto a alteração do modo como se trata o erro durante o processo de ensino-aprendizagem. Mas como isso se verifica numa ciência como a sociologia?

A sociologia apresenta como objeto de estudo fatos produzidos por homens e mulheres em relação entre si e com o mundo. Como avaliar a pertinência de interpretação de sujeitos sociais envolvidos numa realidade particular e expostos a condicionamentos muitas vezes desconhecidos pelos professores?

A dinâmica estabelecida na sala de aula de Sociologia precisa ser muito bem planejada e embasada para evitar o oposto do que ocorre num processo marcado pela avaliação tradicional, ou seja, que a aula se transforme num debate de "achismos", na qual cada educando expõe o que pensa sobre determinado tema e não existe sobre esse pensamento uma reflexão elaborada por parte do educador.

Por meio de uma aula expositiva, um seminário, um debate, uma pesquisa, o educador de Sociologia no ensino médio precisa reconstituir os passos do educando no processo de construção do pensamento sociológico, ressaltando o caminho percorrido. Destacam-se o aporte teórico desenvolvido, os indicadores da realidade que corroboram a argumentação, as dimensões que atravessam o fenômeno analisado e as conclusões a que se chega.

O caminho da reconstrução do pensamento sociológico desenvolvido pelos jovens educandos é o caminho do trabalho científico. A reconstrução conjunta, em sala de aula, dos argumentos expostos pelos educandos permite a conscientização por parte deles dos modos de pensar a realidade social que predominam no contexto sociopolítico de uma época.

Essas maneiras de entender a realidade envolvem concepções diferenciadas de sociedade, do papel do indivíduo na construção e na reprodução social, dos grupos sociais, dos conflitos, da cooperação, dos modos de conceber esses fenômenos, entre tantas outras dimensões analíticas possíveis. Trabalhar sobre cada uma delas com os educandos, ao dialogar sobre as opiniões presentes nas avaliações deles, é uma forma de resguardar o diálogo em sala de aula dos argumentos de autoridade.

A produção da cidadania, da conscientização e, consequentemente, da emancipação social envolve a percepção que os jovens constituem sobre democracia, responsabilidade individual na sociedade e autonomia para problematizar a realidade em torno de si.

Sob essa perspectiva, as práticas avaliativas mediadoras, construtivistas e democráticas, construídas pela Sociologia no ensino médio, podem demonstrar ao conjunto de educadores da escola a possibilidade de inovação com resultados positivos no seu processo de aprendizagem.

(7.5) Avaliação e autoavaliação

Esse modo de avaliação é constituído quando se demonstra ao educando os passos seguidos durante o trabalho de construção do conhecimento. Como a responsabilidade não é exclusiva dos educandos sobre o processo de ensino-aprendizagem, os educadores precisam se abrir ao julgo da turma de educandos, possibilitando a esses a avaliação do trabalho docente.

Preferencialmente, deve-se disponibilizar uma etapa sigilosa, para que educandos com dificuldades de expressão ou timidez possam fazer uma boa avaliação. Logo em seguida, pode ser realizado um debate com a turma para se expor os pontos positivos e negativos das dinâmicas adotadas em sala de aula.

Todos esses passos, assim como foi feito para avaliar os educandos, devem ser descritos e anotados pelo educador. Somente, assim, em um momento fora de sala de aula, o educador pode verificar os comentários dos educandos sobre a sua prática e confrontá-los com a sua percepção sobre o que fez ou deixou de fazer.

Essa etapa de autoavaliação deve ter um momento individual, no qual o educador trabalha individualmente a crítica recebida. Uma boa estratégia para retrabalhar as críticas é escrever alternativas e buscar na literatura disponível o embasamento para pensar sobre as questões expostas pelos educandos.

É fundamental ao educador que ele esteja aberto às críticas e saiba lidar com elas de forma impessoal, como contribuição ao seu pleno desenvolvimento como educador. Por isso, as críticas não podem ser realizadas apenas no final do período letivo. Realizar a avaliação de algumas dinâmicas pontuais pode servir para alterações de rotas, desde os momentos iniciais do ano letivo. A vantagem dessa prática é mostrar aos educandos humildade e compromisso com o processo de ensino-aprendizagem de todos, e não apenas com a aula dada.

(.) Ponto final

Procurou-se neste capítulo situar o tema da avaliação escolar e suas interseções com a produção de relações concorrenciais e não cooperativas na sociedade em geral. Argumentou-se que o fato de marcar o mundo do trabalho não justifica essa aplicação direta na escola. Ao abordar dois tipos distintos de processos avaliativos, adotou-se aquele – construtivista e mediador – considerado o mais adequado para a produção de relações simétricas entre educadores e educandos, pois possibilita o pleno desenvolvimento cognitivo do educando.

Indicação cultural

HOFFMAN, Jussara. *Avaliação mediadora*. 20. ed. Porto Alegre: Mediação, 1993.

Atividades

1. Discuta os pontos positivos e negativos da avaliação tradicional.
2. Discuta os pontos positivos e negativos da avaliação construtivista.
3. "A avaliação que não seleciona ou classifica não prepara o aluno para a vida fora da escola". Comente a afirmação.

(**8**)

A Sociologia no ensino médio:
a partir do quê?

Analisa Zorzi

<u>O</u> jovem adolescente que ingressa no ensino médio nos dias atuais já passou pelo menos oito anos nas salas de aula do ensino fundamental[a]. Nesse período, salvo as incompetências da escola e as limitações sociais ou neuropsicológicas, o educando já deve ter desenvolvido as capacidades cognitivas básicas que lhe permitam relacionar e construir hipóteses, desenvolver criativamente uma argumentação própria, bem como situar saberes entre áreas de conhecimento e mobilizá-los para entender e solucionar problemas práticos do cotidiano.

---

a. Desde 2008, o ensino fundamental conta com um ano a mais. Portanto, progressivamente, todos aqueles egressos desse nível de ensino terão frequentado nove anos na escola antes de ingressar no ensino médio.

Na sociologia, há uma série de conhecimentos básicos trabalhados durante o ensino fundamental que apoiam a construção de novos saberes sociológicos durante o ensino médio. As áreas de estudos sociais, geografia, história e algumas escolas de filosofia trabalham com temas e conceitos que favorecem a construção de bases cognitivas que auxiliam a construção do pensamento sociológico no ensino médio.

Neste capítulo, discutiremos as noções de espaço como produto social e as de tempo como processo durável, contraditório e não linear, tendo em vista o objetivo de desnaturalizar os processos históricos. Com base nessas ideias, indicamos algumas temáticas relacionadas à sociologia que permitem situar os jovens educandos no tempo e no espaço presentes, em relação aos processos sociais vividos por eles e situados perante as possibilidades de construção de alternativas, com base na ação autônoma.

(8.1) Tempo e espaço

As noções de tempo e espaço construídas ao longo do ensino fundamental, nas disciplinas de Geografia e História, especificamente, com suportes em outras áreas de conhecimento, têm como fundamento situar os indivíduos como sujeitos sociais participantes de determinado tempo histórico, com base em um local específico. Esses sujeitos são herdeiros do passado e produtores do presente e do futuro.

A noção de espaço, conforme Margareth Schäffer e Rita Boneti (2002, p. 22), "corresponde à tomada de consciência da situação do próprio corpo com relação ao ambiente. É a consciência do lugar e da orientação que pode ter com relação a pessoas e objetos, e com relação ao lugar e as movimentos dos objetos entre si". Já a noção de tempo "diz respeito à percepção que a criança tem dos acontecimentos a sua volta em termos de duração, ordem, sucessão e simultaneidade".

(8.2) Espaço como produto social

A ideia de espaço é construída pela criança progressivamente, num processo de descentramento profundo, que envolve a sua construção permanente como um produto da sociedade, estabelecido mediante relações cooperativas e conflitivas. Essa compreensão marca o afastamento das noções iniciais naturalizadoras do espaço onde se constituem as sociedades.

Inicialmente, a criança situa o próprio corpo como referência espacial. Nessa fase, as marcas perceptivas são egocêntricas e pessoais. Sistematicamente, a referência deixa de ser o corpo e é substituída, ao longo do processo de amadurecimento, por sistemas de coordenadas que permitem localizar externamente os objetos e os demais sujeitos.

Idealmente, os jovens adolescentes que ingressam no ensino médio já ultrapassaram a noção de espaço marcada pelas relações topológicas (do espaço vivido e percebido imediatamente – o corpo em relação ao espaço e aos outros objetos) e pelas relações projetivas (do espaço percebido – identifica-se o espaço com base nos diferentes pontos de vista em que os observadores podem se encontrar), situando sua percepção através de relações euclidianas (estas possibilitam a coordenação de objetos, situando-os uns em relação aos outros com base num sistema de referências fixo) (Schäffer; Boneti, 2002, p. 25-30).

O sistema de relações espaciais euclidianas caracteriza as capacidades de conservação das distâncias, de comprimento, de superfície e de volume anterior, de construção da medida de comprimento e de coordenadas métricas retangulares. Essas noções básicas são importantes para a sociologia, na medida em que desenvolvem a ideia de espaço absoluto, relativo, local e global – chave para entender a estruturação da sociedade e os processos de desenvolvimentos desiguais e diferenciados, situar a sua comunidade em relação a outras e compreender os fatores que a atravessam, bem como a noção de totalidade etc.

Caso os educandos ainda não apresentem essas noções consolidadas, é razoável desenvolver um trabalho interdisciplinar que favoreça a revisão e a consolidação dessas noções espaciais. Como sugestão, propõe-se problematizar a percepção de tempo e espaço em diferentes épocas históricas, evidenciando aos educandos a historicidade dessas noções, o que contribui para desnaturalizá-las.

(8.3) Estudo do tempo e dos processos: desnaturalizando a história

A noção de tempo é construída pela criança progressivamente até, aproximadamente, os 12 anos, quando o pré-adolescente já domina as operações formais. A construção dessa ideia é condicionada, por um lado, pelos fenômenos físico-naturais, como a alternância entre o dia e a noite, as estações do ano, as transformações fisiológicas do próprio organismo; por outro lado, é condicionada por normas sociais, como as convenções horárias, a rotina estruturada da escola, das férias, da hora de dormir e de acordar, de realizar as refeições, de estudar e brincar, dos rituais de passagem de uma fase a outra da vida, entre tantos outros.

A percepção do tempo é, conforme Schäffer e Boneti (2002, p. 43), marcada no início da vida pela subjetividade do indivíduo e só posteriormente com a compreensão dos processos sociais que atravessam a organização do tempo na sua vida é que ele passa a ter contato e a regular sua rotina pelo tempo objetivo.

Essa dupla relação entre tempo natural e social, assim como de tempo subjetivo e objetivo, marca a elaboração da ideia de tempo na criança. Dessa forma, os mesmos teóricos destacam que "o tempo é percebido através da duração, ordem, sucessão e simultaneidade" (Schäffer; Boneti, 2002, p. 46). Ordem e sucessão permitem identificar a sequência de acontecimentos, enquanto duração e simultaneidade permitem identificar movimentos que acontecem num mesmo tempo, marcados por um intervalo, ou seja, com uma duração determinada.

Essas estruturas cognitivas favorecem a compreensão dos fenômenos históricos, do tempo histórico, ao identificar pontos de apoio e de referência no estudo da história, que permitem situar processos de curta, média e longa duração que atravessam a sociedade em que vivem e sobre os quais podem vir a planejar ações a fim de se inserirem socialmente e produzirem mudanças que julgarem pertinentes.

Esse entendimento favorece a compreensão do tempo histórico como processo durável, mas contraditório e não linear, ou seja, ele não é natural. Dessa forma, salientam a localização temporal e espacial dos sujeitos sociais como seres ativos, produtores de história, e não apenas atores, que se adaptam às condições correntes.

(8.4) A produção das ideias de tempo e espaço consolidando novas temáticas

Uma das ideias que tem progressivamente ganhado adeptos entre os educadores de todos os níveis de ensino é a que estabelece a necessidade de vincular conhecimentos teóricos a elementos vividos pelos educandos. A prática pedagógica que parte da experiência de vida do educando tem produzido resultados positivos nos processos de ensino-aprendizagem.

Ao longo da história de consolidação da escola como instituição capaz de difundir os saberes legítimos de uma época, consolidou-se um modo de educar que tratava os educandos como *tábula rasa*, ou seja, como depositório de conhecimentos dominados pelos professores, que preenchiam sistematicamente os espaços mentais com aquilo que o educando precisaria. Essa prática docente foi muito bem caracterizada por Freire (1979) como "educação bancária".

O avanço das pesquisas psicogenéticas, epistemológicas e educacionais embasadas pela abordagem relacional, ou dialética, revelaram que o pressuposto dessa prática educacional estava equivocado. As crianças não constituem *tábula rasa*. Elas possuem uma história de vida vinculada a um grupo social específico que condiciona de forma não determinista (mas condiciona) sua trajetória na escola. Os conteúdos cognitivos construídos durante a infância permeiam os modos de construção do conhecimento futuro.

O modelo de escola que tratava a todos de forma homogênea, que solucionou os problemas educacionais de alguns grupos sociais, entra em colapso quando as escolas são ocupadas por grupos e classes que não se veem representados culturalmente nessa instituição.

Inicialmente, segundo Magda Soares (1995), desenvolve-se uma ideia de deficiência cultural dos grupos populares, que seriam inaptos ao ensino escolar. Posteriormente, e em oposição, constitui-se uma alternativa paliativa. Destacam-se a diferença dos grupos populares e a necessidade de situar o conjunto de particularidades culturais desses grupos e empoderá-los com o arbitrário cultural dominante, de modo que não só reconheçam suas especificidades e a valorizem, mas dominem e utilizem o padrão legitimado pelos grupos dominantes.

Ainda segundo a autora, o mérito dessa alternativa é reconhecer uma cultura subordinada socialmente numa relação desigual. Expõe a existência de relações de poder que atravessam todas as instituições (inclusive a escola) e que impedem a consolidação de uma sociedade democrática.

Percebendo essa realidade e com intenção político-pedagógica clara, alguns educadores isolados ou organizados coletivamente subvertem o fluxo de conhecimento na escola. Eles começam a realizar pesquisas sobre a comunidade escolar, o meio de origem dos educandos e as famosas pesquisas do entorno.

Com base nessas pesquisas, esses educadores reformulam os currículos escolares naquilo que a legislação lhes permite de flexibilidade. Mais importante do que isso, entretanto, esses educadores reformulam os conteúdos e as formas com que trabalham com os jovens, adequando a escola e as suas aulas aos "arbitrários culturais" das comunidades em que se encontram e a que atendem.

Essas referências empíricas podem ter sido constituídas ao longo do ensino fundamental, revelando outros temas da área dos estudos sociais que avançam sobre o tempo e o espaço. O pertencimento a um grupo ou classe atravessado por relações de classe econômica, de raça, de etnia, de gênero, de geração, entre outras (Hickmann, 2002).

Esses temas são próprios de serem trabalhados desde o ensino fundamental, caso tenham estratégias adequadas às idades dos educandos desse nível. Além disso, são temáticas que retornarão, com base em novas reflexões, nas ciências sociais no ensino médio.

(8.5) Algumas ideias sobre diálogos e conflitos: a partir do quê?

O exercício de alteridade que busca situar o olhar do outro – compreendê-lo, tolerá-lo e respeitá-lo – auxilia no contínuo processo de descentralização do indivíduo, bem como de superação do egoísmo em direção a uma consciência comunitária e societária. Essa consciência percebe os conflitos e entende a necessidade de posicionamento perante eles a fim de construir dialogicamente suas soluções.

A produção de soluções com base no diálogo implica que este não seja fruto da dominação de um grupo sobre outro, relação na qual um grupo domina o poder de falar dos outros, nem, ao mesmo tempo, produto da ingenuidade que não percebe interesses inconciliáveis entre as partes em diálogo. Promove, isto sim, um diálogo entre dois sujeitos ou grupos sociais, em relação de conflito e em busca da permanência das relações instituídas ou da transformação delas; um diálogo que afirme eticamente a humanização e a tolerância e que, mesmo produzindo a derrota de uma parte, garanta a sua sobrevivência em condições dignas e soberanas para que possa pautar, futuramente, sobre bases diferenciadas, um novo diálogo e um novo conflito.

Esse exercício se torna possível com base nas referências de tempo e espaço preenchidas, empírica e teoricamente, que possibilitem situar os indivíduos e seus grupos de origem por meio de relações sociais constituintes de grupos de interesses conflitantes e em situações objetivas marcadas por assimetrias.

O trabalho com a pesquisa do entorno realizado com jovens do ensino médio ressistematiza as noções de espaço e tempo e possibilita reconstruir heuristicamente a dinâmica e a estrutura social do local em que vivem e situá--los perante ela.

Por exemplo, a produção de um mapa comunitário pode servir para situar espacialmente os diferentes grupos que convivem naquele local, bem como identificar os períodos de avanço e retrocesso da comunidade, a construção coletiva de soluções para problemas específicos, em suma, reconstituir a história do local em que vivem.

Imediatamente, podem sistematizar pontos de conflito na comunidade, no bairro e situar as causas e consequências desses gargalos. Uma pesquisa bibliográfica sobre outras comunidades ou sobre o tema específico em questão pode auxiliar a construção de alternativas, revelando como foram resolvidas em outros locais.

Situando o tempo e o espaço presentes e buscando informações e compreensão sobre o passado, os educandos, em parceria com seus educadores, constroem bases cognitivas que lhes permitem se situar e agir perante os desafios históricos, de modo a autonomamente produzir soluções criativas e produtoras de novas relações sociais realizadoras dos anseios individuais e coletivos (Nidelcoff, 1979).

(.) Ponto final

Discutimos neste capítulo as noções de espaço como produto social e de tempo como processo durável, contraditório e não linear. Nosso objetivo foi o de desnaturalizar os processos históricos constituintes das relações sociais nas quais os jovens educandos encontram-se inseridos. As ideias de tempo e espaço permitiram com que indicássemos algumas temáticas relacionadas à sociologia que contribuem para situar os jovens no tempo e no espaço presentes, convocando-os para a ação autônoma perante os desafios que a vida lhes interpõe.

Indicações culturais

CALLAI, Helena (Org.). *O ensino em estudos sociais*. Ijuí: Ed. Unijuí, 2008.
SOARES, Magda. *Linguagem e escola*: uma perspectiva social. São Paulo: Ática, 1995.

Atividades

1. Algumas noções são básicas para o desenvolvimento da Sociologia no ensino médio. Destaque três delas e justifique sua importância.
2. Que fenômenos caracterizam o ESPAÇO como produto social?
3. O que caracteriza o TEMPO como fenômeno histórico, não natural?

(9)

A Sociologia no ensino médio:
o que ensinar?

Analisa Zorzi

O objetivo deste capítulo é abordar algumas possibilidades de conteúdos a serem trabalhados pelo educador de Sociologia no ensino médio. A definição do que ensinar é de suma importância para orientar o enfoque metodológico utilizado pelo educador.

O texto encontra-se estruturado em duas partes: na primeira, sistematizamos a importância de se iniciar por meio dos conhecimentos prévios dos estudantes. Já na segunda, destacamos três perspectivas que se complementam no estudo da sociologia: os conceitos, as temáticas e as teorias.

(9.1) A leitura do mundo antecede a leitura dos conceitos

Os conteúdos a serem trabalhados na disciplina de Sociologia, assim como os métodos para trabalhá-los no ensino médio, são vastos. Uma alternativa interessante e bastante produtiva é construir o programa de estudos com base em assuntos que sejam importantes e que façam sentido para os educandos.

Os sujeitos sociais enfrentam cotidianamente situações-problema que devem resolver para garantir a continuidade da reprodução da vida biológica, social, política, econômica e cultural. Logo, faz parte da resolução dessas situações-problema, além da ação, a reflexão e o aprendizado de elementos que auxiliam nesse processo.

Nesse sentido, a proposta de Freire (1979) de trabalhar com os "temas geradores" situa no centro do processo de ensino os elementos relacionados à realidade dos sujeitos que provocam a construção de novos conhecimentos que favoreçam a compreensão das dinâmicas sociais nas quais estão inseridos e o enfrentamento dessas situações-problema.

Para tanto, esses temas geradores fornecem subsídios relacionados à vida concreta dos sujeitos em outras esferas da vida social que não a escola. No entanto, será na escola que se concretizará uma síntese do enfrentamento dessa leitura do mundo anterior dos estudantes com os conceitos sistematizados pelo educador. Portanto, o entendimento da discussão conceitual realizada em sala de aula parte do entendimento que os estudantes têm da realidade em que vivem.

Octávio Ianni (1986, p. 19) é outro autor que trabalha com base na perspectiva do contexto dos estudantes. Ianni problematiza a relação de ensino e aprendizagem lançando uma questão inicial para a construção do conhecimento escolar de sociologia: "Como mobilizar o conhecimento de que o aluno já dispõe, e, ao mesmo tempo, levar ao aluno novos conhecimentos?".

Ianni destaca, assim, que o educador de Sociologia pode aproveitar alguns conhecimentos que os educandos têm (sua leitura prévia da realidade e aprendizagens anteriores na escola), abordando-os sob uma perspectiva sociológica. Para tanto, o autor traz como exemplo fatos históricos conhecidos, como a história de Tiradentes. Com base nos saberes relativos a esse personagem histórico, é possível trabalhar questões relacionadas ao contexto e ao significado social, político e histórico das ações de Tiradentes.

Sendo assim, constitui-se num desafio para os professores confrontarem os saberes e as aprendizagens anteriores dos estudantes. Ianni (1986, p. 19) complementa: "Se há vantagem no fato de que bem ou mal, o estudante de 1º grau, por exemplo, já ouviu falar de certos assuntos, por outro lado, isto significa que já tem incorporado em seu horizonte, em sua experiência, algumas palavras, alguns símbolos e signos que, na maioria das vezes, são vinculados a partir de um determinado ponto de vista".

Tencionar esse conhecimento no sentido de ultrapassar o senso comum e alguns preconceitos consolidados com base num trabalho de leitura crítica configura a prática do educador de Sociologia.

Ianni (1986) propõe, assim, que os assuntos abordados pelo educador de Sociologia estejam relacionados às RELAÇÕES, aos PROCESSOS e às ESTRUTURAS nos quais a vida social dos sujeitos estão inseridos. Isso porque, ainda de acordo com Ianni, são as relações sociais que constituem o ser social em qualquer contexto e, por isso, justifica-se o estudo crítico das noções apontadas anteriormente.

Desse modo, o que Freire (1999) e Ianni (1986) nos indicam é que o conhecimento só faz sentido se estiver relacionado à vida concreta dos estudantes, seja como instrumento de reflexão da e para a ação, seja pela compreensão das relações sociais que os cercam.

(9.2) O trabalho com conceitos, com temáticas e com teorias

Uma preocupação permanente entre os educadores de Sociologia no ensino médio é se o programa de estudos deve ser desenvolvido tendo como foco de ensino os conceitos, as temáticas ou as teorias.

Nesse sentido, uma proposta interessante para resolver esse dilema é a trabalhada nas *Orientações curriculares para o ensino médio* (Brasil, 2006). Esse documento aborda esses eixos de forma separada, mas em articulação constante um com o outro.

Discussão conceitual

Conforme as orientações curriculares, "Os conceitos são elementos do discurso que se referem à realidade concreta" (Brasil, 2006, p. 117). Portanto, faz parte da elaboração sociológica trabalhar conceitualmente a realidade social que se busca compreender e os fenômenos sociais que se queira explicar. Entretanto, deve-se ter o cuidado de não trabalhar com os conceitos de forma isolada e desconexa das teorias e temáticas. Por isso, no documento destaca-se, logo em seguida, que "Trabalhar com conceitos requer inicialmente que se conheça cada um deles em suas conexões com as teorias, mas que se cuide de articulá-los com casos concretos (temas)".

É preciso levar em conta na discussão conceitual que os conceitos devem ser contextualizados em seu histórico para que possam ser compreendidos em sua lógica relacional e não "como uma palavra mágica que explica tudo, mas como um elemento do conhecimento racional que permite melhor explicar ou compreender a realidade social" (Brasil, 2006, p. 118).

Nesse sentido, os conceitos aparecem como ferramentas interessantes para o educador de Sociologia construir seu programa de estudos, tendo em vista as possibilidades de mediar a compreensão dos fenômenos sociais dos estudantes.

As orientações curriculares destacam ainda que: "as vantagens de se trabalhar com conceitos é que já no ensino médio o aluno vai desenvolver uma capacidade de abstração muito necessária para o desenvolvimento de sua análise da sociedade, e para elevar o conhecimento a um patamar além do senso comum ou das aparências. Um conceito é um elemento do discurso científico que consegue sintetizar as ações sociais para poder explicá-las como uma totalidade" (Brasil, 2006, p. 118).

Além do mais, trabalhar com conceitos nos remete a temas e teorias que estão em conexão. Por exemplo, quando abordamos o conceito desigualdade, podemos articulá-lo com temáticas como gênero, raça, etnia; sociedade de classes e capitalismo. Além disso, podemos inseri-lo em perspectivas teóricas, como a de Marx, Weber e/ou Durkheim.

Temáticas

Os temas a serem trabalhados pelo educador de Sociologia devem estar relacionados, como já exposto anteriormente, com a realidade dos estudantes e da comunidade em que estão inseridos. Isso porque "leva a situações concretas e importa no uso de conceitos, bem como de teorias, para explicar tais situações e manifestações" (Brasil, 2006, p. 119-120). Por isso, a escolha das temáticas tem como pressuposto que os educandos possam compreender seu mundo com base na análise sociológica.

As orientações curriculares complementam (Brasil, 2006, p. 120-121):

> *O recurso aos temas visa a articular conceitos, teorias e realidade social partindo-se de casos concretos, por isso recortes da realidade em que se vive. Não se pode tratá-los como se fossem "coelhos tirados de uma cartola" numa apresentação de mágica. Assim, temas escolhidos pelo professor e pelos alunos, como menor abandonado, gravidez na adolescência, violência e criminalidade, desemprego, etc. são importantes no cotidiano e não podem ser tratados de modo desconectado da realidade em que se inserem, mas também não devem ser apresentados sem uma articulação com os conceitos e as teorias que podem explicá-los.*

Nesse sentido, faz-se necessário ouvir os educandos e compreender quais situações-problema estão, no contexto atual, em foco para esses jovens, para, depois disso, montar um programa de estudos que faça sentido para eles.

Teorias

O trabalho com teorias aborda a análise de relações, processos e estruturas, para citar os elementos propostos por Ianni (1986), com base no enfoque dos modelos explicativos, que propõem uma reconstrução da realidade social à luz de alguns elementos conceituais.

É interessante destacar que existem posições teóricas que refletem sobre o mesmo objeto, sobre a mesma realidade social, no entanto, divergem quanto aos elementos e aos fatores explicativos dessa realidade. Esse é o caso, por exemplo, dos autores clássicos da sociologia: Marx, Durkheim e Weber. Portanto, o professor de Sociologia deve ter cuidado na mediação que fará na exposição de quadros teóricos diferentes e até divergentes, em alguns casos.

Marx, Durkheim e Weber, mesmo tendo como foco de análise a compreensão da sociedade capitalista, apresentam explicações diferentes para os processos de correntes dessa realidade.

Marx, por exemplo, propõe uma análise dialética das relações inseridas nos processos de produção e reprodução da vida social; Durkheim entende essas relações com base numa perspectiva funcionalista; já Weber empreende uma análise compreensiva das ações dos agentes nos processos relacionados à produção capitalista.

Nesse sentido, as orientações curriculares destacam que: "O contexto histórico em que viveram esses autores, as influências intelectuais e a participação deles nos debates e embates teóricos e políticos de seu tempo definiram como cada um construiu seu arcabouço teórico e seus conceitos a partir de bases epistemológicas diferentes" (Brasil, 2006, p. 123).

Desse modo, torna-se importante o professor levar em conta a construção teórica, conceitual e metodológica no trabalho com as temáticas propostas, principalmente se pretender abordar a realidade social com base na pesquisa, pois essa articulação é essencial para que o estudante elabore um conhecimento mais sistematizado.

(.) Ponto final

Neste capítulo, abordamos alguns elementos que podem constituir os conteúdos a serem trabalhados na disciplina de Sociologia. Destacamos que, para a construção do programa de estudos que irá contemplar os assuntos a serem apropriados, deve-se levar em conta a realidade e os saberes dos estudantes.

Outras questões trabalhadas estão relacionadas às possibilidades de entendimento da realidade social, seus fenômenos, suas relações, seus processos e suas estruturas, como os conceitos, as temáticas e as teorias. Entretanto, chamamos a atenção para o trabalho articulado desses elementos, contextualizando-os historicamente.

Portanto, o objetivo proposto neste capítulo foi apresentar alguns subsídios para que o educador de Sociologia tenha algumas ideias para construir seu programa de estudos e contribuir para a construção do currículo da escola, com base numa perspectiva focada nos educandos.

Indicação cultural

BRASIL. Ministério da Educação. Secretaria de Educação Básica. *Orientações Curriculares para o Ensino Médio*: Ciências Humanas e suas Tecnologias. Brasília: 2006. v. 3.

Atividades

1. Quais são os pressupostos relacionados no trabalho com os "temas geradores" numa disciplina de Sociologia no ensino médio?
2. Reflita sobre a abordagem teórica na compreensão da realidade social e explique como é possível trabalhar com quadros teóricos com educandos de ensino médio.
3. Por que é importante trabalhar de forma articulada os conceitos, as temáticas e as teorias?

(**10**)

A Sociologia no ensino médio:
como ensinar?

Analisa Zorzi

No presente capítulo, apresentaremos alguns recursos metodológicos para o ensino da disciplina de Sociologia no ensino médio. A discussão tem como pressuposto não apenas os conteúdos, como também uma postura pedagógica que tenha como foco criar possibilidades que auxiliem o ensino e a aprendizagem.

Para tanto, este texto está dividido fundamentalmente em duas partes. Na primeira, discutimos alguns métodos a serem explorados pelo educador, como as aulas expositivas, a construção de um diálogo coletivo, os seminários e o uso de recursos tecnológicos. Na segunda parte do texto, abordaremos a pesquisa como instrumento didático para a construção do conhecimento em sociologia.

(10.1) Diferentes maneiras de ensinar

A metodologia utilizada pelo educador para auxiliar os educandos a compreenderem os conteúdos propostos e, assim, avançarem no conhecimento deve ser extremamente variada. Deve também depender dos objetivos e da problemática constantes no programa de estudos, não se constituindo numa receita pronta de como ensinar. Isso pode significar que o educador pode lançar mão de várias ferramentas pedagógicas, mas sempre tendo em mente os pressupostos metodológicos e epistemológicos já discutidos em outros capítulos.

Vamos citar alguns exemplos de recursos pedagógicos tendo como pressuposto que o educador trabalhe de forma integrada com essas técnicas e que a pesquisa seja o eixo articulador de diferentes dinâmicas empreendidas em sala de aula e fora dela, pois há vários ambientes dentro da escola e extraescolares muito interessantes para trabalhar com os educandos.

Aulas expositivas

Dentro dessa perspectiva, as aulas expositivas podem ajudar a esclarecer conceitos e categorias importantes para a compreensão das questões que permeiam a problemática proposta para o aprendizado. No entanto, devemos ter cuidado na condução dessa ação, evitando que ela reforce uma relação de poder, na qual o professor fala e os alunos apenas ouvem.

Para que possamos encarar o processo de forma construtiva e construtivista, devemos construir uma aula expositiva levando em consideração as falas dos estudantes. Como bem destaca Freire (2006), a condição de humanidade depende da comunicação que se estabelece entre os sujeitos. Portanto, o sujeito – o educando – não pode ser condenado a ficar sem voz, a ficar mudo.

A construção do diálogo coletivo

É interessante trabalhar com a perspectiva da construção de um diálogo coletivo, do qual os estudantes participam de maneira ativa da construção da aula. Existem algumas experiências no Brasil que focam essas ações de participação coletiva no trabalho desenvolvido na disciplina de Sociologia.

Uma delas é narrada por Elisabeth da Fonseca Guimarães (2007, p. 89), de Minas Gerais, que denominou sua dinâmica de aula como *Oficina de Sociologia*. A autora descreve esse método da seguinte forma: "Uma oficina é uma atividade de ensino realizada em conjunto, com a qual a totalidade da classe deve estar envolvida. É preciso um professor ou um grupo de alunos para coordenar os trabalhos, mas a execução propriamente dita deve abranger a todos". Em outras palavras, a oficina não tem clientela, não tem ouvintes e nem assistentes: tem participantes.

O que está em jogo nessa proposta é estimular a participação e o intercâmbio de conhecimento. Essa atividade, como chama a autora, pode ser uma etapa do programa de estudos na qual se discutem uma determinada temática ou um determinado conceito. Pode até mesmo se constituir numa fase de sistematização dos resultados da pesquisa realizada confrontando com os conceitos da sociologia.

Seminários: construindo sentidos desde a preparação até a execução

A utilização de seminários também se apresenta como recurso pedagógico interessante, pois auxilia o trabalho tanto do educador quanto do educando. De um lado, a preparação de um seminário pode se configurar num bom exercício de reflexão e sistematização por parte dos educandos das questões discutidas e abordadas em sala de aula. Por outro lado, o seminário pode contribuir para o exercício de construção de sínteses quando da apresentação dos conteúdos e para a desinibição dos estudantes no momento de falar à turma.

Já para o educador, essa atividade pode acarretar um resultado muito positivo em termos avaliativos, porque essa dinâmica permite que se avalie o educando no seu processo de construção de conhecimento e não apenas na definição se ele sabe ou não a matéria, ou se decorou ou não o conteúdo.

O uso de tecnologias

A quantidade de recursos tecnológicos que podem servir como instrumento mediador dos estudos em Sociologia é amplo, o que é muito positivo. No entanto, mais uma vez, o educador deve ter o cuidado de propor ferramentas que auxiliem de forma produtiva o trabalho que está sendo desenvolvido e de modo algum atrapalhe ou dificulte o seu entendimento por parte dos educandos.

Alguns recursos bastante utilizados e bem interessantes são: o vídeo, o computador, o *data show*, a internet, alguns *softwares* e programas para montar bancos de dados, entre outros. A definição de que instrumento tecnológico utilizar depende dos objetivos do programa de estudos e da maneira que esse programa está sendo executado.

A pesquisa como recurso pedagógico para a construção do conhecimento

A pesquisa pode ser um interessante recurso para o movimento de construção de novos conhecimentos. Em contrapartida, não devemos pensar a pesquisa apenas no sentido de fornecer dados secundários para análises com base em saberes já sistematizados, mas também como uma prática de educadores e educandos, ressignificando esses saberes, enriquecidos pela ação e reflexão de ambos na escola.

Existe uma discussão a respeito da dicotomia entre pesquisa e docência. Há aqueles que consideram essas duas atividades separadas, cabendo ao pesquisador o empreendimento de formular projetos, montar um problema, levantar hipóteses, discutir a teoria, elaborar os instrumentos de coleta e análise dos dados. Enfim, seria restrita ao pesquisador a função, através da pesquisa, de refletir sobre a realidade (Becker; Marques, 2007). Em contrapartida, ao docente caberia apenas repassar esse conhecimento, ensiná-lo ao seu aluno em sala de aula num movimento em que inexistem a elaboração e a construção, apenas sendo reproduzido o que existe.

Na tentativa de problematizar essa dicotomia, Becker e Marques (2007, p. 12) questionam tal separação, argumentando que o educador, como sujeito, é capaz de construir novos conhecimentos. Coerente com sua posição epistemológica, os autores destacam que:

> *O professor é alguém que elabora planos de atividades, aplica metodologias, reproduz conteúdos, interpreta esses conteúdos, observa comportamentos e avalia processos. Assim como o cientista no laboratório, ele inventa e implementa ações que produzem novos fenômenos cognitivos, avalia os fenômenos observados, cria novas compreensões desses fenômenos. Ele põe à prova conhecimentos existentes. Não seria um desperdício esse professor perder a oportunidade de elaborar e formalizar o que ele vai constituindo em termos de novos conhecimentos?*

Becker (2001) vai além e propõe pensar tanto o professor quanto o estudante como sujeitos epistêmicos, ou seja, ambos podem empreender o processo de construção de novos conhecimentos. Logo, para que a relação ensino-aprendizagem seja realizada de forma satisfatória, dentro dessa perspectiva, ambos devem ser encarados como sujeitos ativos no processo.

Para tanto, fica mais clara a necessidade de o educador se ver não só como docente, mas também como pesquisador. Quando ele se coloca na posição de professor-pesquisador, abre espaço para as curiosidades e perguntas dos estudantes. Conforme Becker e Marques (2007, p. 19), o professor sabe que "toda investigação começa com uma pergunta". Diante disso, sabendo quais são os problemas que os estudantes se deparam, podemos constituir um programa de estudos diferenciado que, em vez de privilegiar a reprodução e o depósito dos conteúdos, destacamos como fundamental a contribuição com base em suas ações e reflexões para a construção do conhecimento.

É interessante destacar que esse movimento é muito importante para desenvolver uma reflexão sobre o conhecimento dos objetos (tanto do meio físico quanto do meio social) que ultrapasse as primeiras impressões sobre eles. Freire (2007, p. 122-124) tenciona muito bem o que ele chama de *conhecimento ingênuo*, ligado fundamentalmente à "maneira espontânea com que nos movemos no mundo", com o pensamento sistemático relacionado ao rigor metodológico na busca pela reflexão de determinado objeto. No entanto, "isto não significa, de modo algum, que devemos menosprezar este saber ingênuo cuja superação necessária passa pelo respeito a ele" (p. 122-124).

Nesse sentido, podemos encarar a pesquisa como um instrumento capaz de desestabilizar os pressupostos que sustentamos pelo contato mais imediato com o mundo e a realidade em que vivemos. Como bem destaca Freire (2007), o que está em questão não é deixar de lado esse conhecimento prévio, pois este se constitui em elemento essencial para transformá-lo mediante reflexões mais elaboradas. Mas, para isso, devemos, sim, levar em conta o saber cotidiano, pois ele está mais próximo da realidade concreta dos sujeitos, mesmo que estes não se apercebam muitas vezes disso.

Alexandre Silva Virgínio (2000) trabalha com a ideia de que a pesquisa é um método, um caminho mediante o qual podemos consolidar o entendimento dos conceitos com os quais lidamos. Com base na pesquisa, renova-se o conhecimento, pois este se configura num movimento aberto e constante, sempre possível de ser refutado por novas descobertas e reflexões. Torna-se importante esse processo para conhecermos os "múltiplos fenômenos que determinam o real", possibilitando aos sujeitos ações mais seguras.

O autor ainda argumenta que:

> *entendemos ter na pesquisa o procedimento sem o qual o ato de conhecer seria vítima ou de opiniões carregadas de juízos de valor, ou de considerações que fariam de nosso transitar pelo mundo um caminhar órfão do alcance da visão ou como seres reféns da insegurança presente no andar daquele que, mais do que não sabe aonde vai, desconhece o solo onde pisa. Portanto, perguntar, indagar, procurar, desvendar, revelar são ações que predispõem o indivíduo – e porque não a própria ciência – a um deslocamento contínuo em direção a qualificação do pensamento e, sobretudo, como protagonista de outras ações, cada vez mais seguras, pois que "teoricamente" mais sofisticadas.* (Virgínio, 2000)

Acreditamos que trabalhar em sala de aula com pesquisa pressupõe uma dinâmica que leve em conta a participação ativa dos educandos. Considerando essa premissa, cabe discutir aqui qual a relação mais adequada para que o processo de ensino-aprendizagem, estruturado por meio do recurso metodológico de construção do conhecimento – a pesquisa, tenha um resultado satisfatório tanto para o educador quanto para o educandos.

Se nos posicionarmos com base numa epistemologia construtivista, consolidada numa pedagogia relacional que encontra na pesquisa um instrumento capaz de dinamizar e tencionar os conhecimentos de educadores e educandos, é coerente afirmar que a relação dialógica, ou como destacam Freire e Shor (1997) o "método dialógico" é o mais consistente para atingirmos os objetivos propostos pela nossa prática docente. Afinal, como esse processo se constituirá se não levarmos em conta o que o educando tem a dizer? E se ele tem algo a dizer e consideramos válido esse saber, isso significa que ele contribui ativamente para a construção do conhecimento e para o sucesso do processo de ensino-aprendizagem.

Chamamos a atenção para a articulação entre pressuposto epistemológico, perspectiva pedagógica e método, pois acreditamos ser fundamental pensar a nossa atuação na educação tendo em vista a totalidade do processo, e não cada momento como algo isolado. Sobre isso, Freire e Shor (1997, p. 123) são muito enfáticos e afirmam:

> *Deveríamos entender o "diálogo" não como uma técnica apenas que podemos usar para conseguir obter bons resultados. Também não podemos, não devemos, entender o diálogo como uma tática que usamos para fazer dos alunos nossos amigos. Isto faria do diálogo uma técnica para a manipulação, em vez de iluminação. Ao contrário, o diálogo deve ser entendido como algo que faz parte da própria natureza histórica dos seres humanos. É parte de nosso progresso histórico do caminho para nos tornarmos seres humanos [...]. Isto é, o diálogo é uma espécie de postura necessária, na medida em que os seres humanos se transformam cada vez mais em seres criticamente comunicativos. O diálogo é o momento em que os humanos se encontram para refletir sobre sua realidade tal como a fazem e re-fazem. Outra coisa: na medida em que somos seres comunicativos, que nos comunicamos uns com os outros enquanto nos tornamos mais capazes de transformar nossa realidade, somos capazes de saber que sabemos, que é algo mais do que só saber.*

Essa capacidade de refletir sobre nossa ação e de compartilhá-la já era apontada por Marx, ao argumentar que esse é um elemento de diferenciação entre os seres humanos e os animais, possibilitando ao homem criar algo diferente e exterior à natureza. Marx (1981) diz que o diferencial entre o pior arquiteto e uma abelha é essa capacidade reflexiva que possibilita àquele antecipar suas ações e planejá-las, enquanto esta age conforme seu instinto apenas.

Voltando à questão do diálogo, ele se configura por permitir a construção coletiva de algo, ou como expõe Freire (1997, p. 124): "o objeto a ser conhecido, num dado lugar, vincula esses dois sujeitos cognitivos, levando-os a refletir juntos sobre o objeto. O diálogo é a confirmação conjunta do professor e dos alunos no ato comum de conhecer e reconhecer o objeto de estudo". Desse modo, a pesquisa pode auxiliar muito nesse processo.

(.) Ponto final

A ideia de trabalhar com metodologia neste capítulo foi a de apresentar algumas alternativas pedagógicas no trabalho com estudantes de ensino médio. É importante destacar que a compreensão das questões envolvidas no ensino de Sociologia por parte dos educandos depende em grande medida da criatividade do educador que pode realizar um trabalho didático, envolvendo, além das tarefas de sala de aula, passeios e saídas de campo.

Assim sendo, aqueles que escolhem a pesquisa como metodologia de construção do conhecimento podem, de maneira produtiva, utilizar essas alternativas fora também da sala de aula, fora da escola, com o objetivo de enriquecer trabalho desenvolvido com os educandos.

Indicação cultural

PLANCHEREL, Alice Anabuki; OLIVEIRA, Evelina Antunes F. (Org.). *Leituras sobre sociologia no ensino médio*. Maceió: Edufal, 2007.

Atividades

1. Monte um programa de estudos destacando os recursos metodológicos a serem utilizados, justificando-os em sua articulação com os conteúdos propostos para o desenvolvimento da disciplina de Sociologia ou Ciências Sociais.
2. Qual a relação entre a construção do diálogo coletivo com o recurso metodológico da pesquisa? Justifique a sua resposta.
3. Tendo como referência a discussão proposta neste capítulo, elabore novos recursos didáticos e metodológicos que possam contribuir para a aprendizagem dos estudantes. Justifique a sua resposta.

Referências

APPLE, Michael. *Ideologia e currículo*. 3. ed. Porto Alegre: Artmed, 2006.

ARROYO, Miguel Gonzalez. *Ofício de mestre*: imagem e autoimagem. Petrópolis: Vozes, 2000.

BECKER, Fernando. *Educação e construção do conhecimento*. Porto Alegre: Artmed, 2001.

BECKER, Fernando; MARQUES, Tânia. *Ser professor é ser pesquisador*. Porto Alegre: Mediação, 2007.

BERGER, Peter; LUCKMANN, Thomas. *A construção social da realidade*: tratado de sociologia do conhecimento. Petrópolis: Vozes, 2006.

BOURDIEU, Pierre. *A profissão de sociólogo*: preliminares epistemológicas. Petrópolis: Vozes, 1999.

BOURDIEU, Pierre; PASSERON, Jean-Claude. *A reprodução*. Petrópolis: Vozes, 2008.

BRASIL. Ministério da Educação. Secretaria de Educação Básica. *Orientações Curriculares para o Ensino Médio*: Ciências Humanas e suas Tecnologias. Brasília, 2006. v. 3.

CARVALHO, Marie Jane; PORTO, Leonardo Sartori. *Portfólio educacional*. Porto Alegre: Ed. da UFRGS, 2005.

CHARLOT, Bernard. *Os jovens e o saber*. Porto Alegre: Artmed, 2001.

COULSON, Margaret; RIDDEL, David. *Introdução crítica à sociologia*. Rio de Janeiro: J. Zahar, 1974.

DAYRELL, Juarez (Org.). *Múltiplos olhares sobre educação e cultura*. Belo Horizonte: Ed. da UFMG, 1996.

DAYRELL, Juarez; REIS, Juliana Batista. Juventude e escola: reflexões sobre o ensino de sociologia no ensino médio. In: PLANCHEREL, Alice A.; OLIVEIRA, Evelina Antunes F. (Org.). *Leituras sobre sociologia no ensino médio*. Maceió: Edufal, 2007. p. 111-134.

DEMO, Pedro. *Aposta no professor*. Porto Alegre: Mediação, 2007.

DURKHEIM, Émile. *Educação e sociologia*. Lisboa: Ed. 70, 2001.

ELIAS, Norbert. *Introdução à sociologia*. Lisboa: Ed. 70, 1980.

FREIRE, Paulo. *Comunicação ou extensão?* 10. ed. Rio de Janeiro: Paz e Terra, 2006.

FREIRE, Paulo. *Educação como prática da liberdade*. Rio de Janeiro: Paz e Terra, 1977.

_____. Não se pode ser sem rebeldia. *Revista Pais&Teens*, São Paulo, n. 3, p. 12-15, fev. 1997. Entrevista.

_____. *Pedagogia da autonomia*. 13. ed. Rio de Janeiro: Paz e Terra, 1999.

_____. *Pedagogia do oprimido*. 2. ed. Rio de Janeiro: Paz e Terra, 1979.

_____. *Professora sim, tia não*: cartas a quem ousa ensinar. São Paulo: Olho D'Agua, 2007.

FREIRE, Paulo; SHOR, Ira. O que é "método dialógico" de ensino? O que é uma "pedagogia situada" e empowerment? In: SHOR, Ira. *Medo e ousadia*: o cotidiano do professor. Rio de Janeiro: Paz e Terra, 1997. p. 121-146.

GANDIN, Danilo. *Planejamento como prática educativa*. 3. ed. São Paulo: Loyola, 1986.

GANDIN, Danilo; GANDIN, Luis Armando. *Temas para um projeto político-pedagógico*. Petrópolis: Vozes, 2001.

GIDDENS, Anthony. *Em defesa da sociologia*: ensaios, interpretações e tréplicas. São Paulo: Ed. da Unesp, 2001.

GIROUX, Henry. A pedagogia radical e o intelectual transformador. In: _____. *Escola crítica e política cultural*. São Paulo: Cortez; Autores Associados, 1987, p. 7-53.

GRAMSCI, Antonio. *Os intelectuais e a organização da cultura*. Rio de Janeiro: Civilização Brasileira, 1979.

GUIMARÃES, Elisabeth da Fonseca. Oficina de sociologia para alunos do ensino médio. In: PLANCHEREL, Alice Anabuki; OLIVEIRA, Evelina Antunes F. (Org.). *Leituras sobre sociologia no ensino médio*. Maceió: Edufal, 2007. p. 89-98.

HICKMANN, Roseli Inês. *Estudos sociais*: outros saberes e outros sabores. Porto Alegre: Mediação, 2002.

HOFFMAN, Jussara. *Avaliação mediadora*. 20. ed. Porto Alegre: Mediação, 1993.

IANNI, Octávio. *O ensino das ciências sociais no 1º e 2º graus*: fundamentos da educação brasileira. São Paulo: Secretaria da Educação do Estado de São Paulo, 1986.

INEP – Instituto Nacional de Estudos e Pesquisas Educacionais Anísio Teixeira. *Censo Escolar da Educação Básica 2007*. Disponível em: <http://www.inep.gov.br/imprensa/noticias/censo/escolar/news08_08.htm>. Acesso em: 14 set. 2009.

KIELING, Francisco dos Santos. *Percepção das desigualdades socioeconômicas*: estudos sobre jovens universitários. 168 f. Dissertação (Mestrado em Sociologia) – Universidade Federal do Rio Grande do Sul, Porto Alegre, 2008.

KIELING, José Fernando. A investigação da realidade como eixo problematizador dos currículos. In: SEMINÁRIO DE PESQUISA EM EDUCAÇÃO DA REGIÃO SUL, 3., 2000, Porto Alegre. *Anais...* Porto Alegre: Ed. da UFRGS, 2002.

LÜDKE, Menga. Contribuição da sociologia para a avaliação escolar. *Cadernos de Pesquisa da Fundação Carlos Chagas*, São Paulo, n. 92, p. 74-79, 1995.

MACHADO, Rita de Cássia de F. M. Autonomia. In: STRECK, Danilo; REDIN, Euclides; ZITKOSKI, Jaime José (Org.). *Dicionário Paulo Freire*. Belo Horizonte: Autêntica, 2008.

MARX, Karl. *O capital*. Rio de Janeiro: Civilização Brasileira, 1981.

MILLS, C. Wright. *A imaginação sociológica*. Rio de Janeiro: J. Zahar, 1975.

MORAES, Amaury Cesar. Por que sociologia e filosofia no ensino médio? *Revista Educação Apeoesp*, São Paulo, n. 10, p. 50-53, maio 1999.

NERI, Marcelo (Coord.). *Equidade e eficiência na educação*: motivações e metas. Disponível em: <www.fgv.br/cps/simulador/Site_CPS_Educacao/index.htm>. Acesso em: 6 ago. 2009.

NIDELCOFF, Maria Teresa. *A escola e a compreensão da realidade*: ensaio sobre metodologia das ciências sociais. São Paulo: Brasiliense, 1979.

RAIZER, Leandro; PEREIRA, Thiago Ingrassia; MEIRELLES, Mauro. Escolarizar e/ou educar? As perspectivas do ensino de Sociologia na educação básica. *Pensamento Plural*, Pelotas, p. 30-47, v. 2, 2008.

SANTOMÉ, Jurjo Torres. As culturas negadas e silenciadas no currículo. In: SILVA, Tomaz T. *Alienígenas na sala de aula*. Petrópolis: Vozes, 1995.

SAUL, Ana Maria. Verbete: avaliação. In: STRECK, Danilo; REDIN, Euclides; ZITKOSKI, Jaime José (Org.). *Dicionário Paulo Freire*. Belo Horizonte: Autêntica, 2008.

SCHÄFFER, Margareth; BONETI, Rita. Noção de espaço e tempo. In: CALLAI, Helena (Org.). *O ensino em estudos sociais*. 2. ed. Ijuí: Ed. Unijuí, 2002.

SILVA, Tomaz Tadeu. *Documentos de identidade*: uma introdução às teorias do currículo. Belo Horizonte: Autêntica, 1999.

SOARES, Magda. *Linguagem e escola*: uma perspectiva social. São Paulo: Ática, 1995.

TOMASI, Nelson Dacio; LOPES JÚNIOR, Edmilson. Uma angústia e duas reflexões. In: CARVALHO, Lejeune Mato Grosso. *Sociologia e ensino em debate*. Ijuí: Ed. Unijuí, 2004. p. 61-76.

VIRGÍNIO, Alexandre Silva. Porquê pesquisar? *Folha da História*, Porto Alegre, 13 nov. 2000. Disponível em: <http://www.alexandrevirginio.slg.br/artigos.htm>. Acesso em: 1º abr. 2008.

WEISHEIMER, Nilson. *A situação juvenil na agricultura familiar*. 330 f. Tese (Doutorado em Sociologia) – Universidade Federal do Rio Grande do Sul, Porto Alegre, 2009.

ULBRA. *Sociologia da juventude*. Curitiba: Ibpex, 2009.

Impressão: BSSCARD
Agosto/2013